UM PRESENTE PARA

DE

MAX LUCADO

Mais de 65 milhões de livros vendidos

CORAGEM PARA VIVER

DESCUBRA A FELICIDADE NA PRESENÇA DE DEUS EM SUA VIDA

TRADUZIDO POR

Bárbara Coutinho e Leonardo Barroso

THOMAS NELSON
BRASIL®

Rio de Janeiro, 2023

Título original
Fear Not: Promise Book

Editor responsável	*Julio Silveira*
Supervisão Editorial	*Clarisse de Athayde Costa Cintra*
Produtora Editorial	*Fernanda Silveira*
Capa	*Douglas Lucas*
Tradução	*Bárbara Coutinho*
	Leonardo Barroso
Revisão	*Margarida Seltmann*
	Magda de Oliveira Carlos
Projeto gráfico e diagramação	*Julio Fado*

CIP-BRASIL. CATALOGAÇÃO NA FONTE
SINDICATO NACIONAL DOS EDITORES DE LIVROS, RJ

L965n

Lucado, Max, 1955-
Coragem para viver: Descubra a felicidade na presença de Deus em sua vida – livro de promessas / Max Lucado; tradução de Barbara Coutinho e Leonardo Barroso. - Rio de Janeiro: Thomas Nelson Brasil, 2010.

Tradução de: Fear not: promisse book
Inspirado em: Sem medo de viver
ISBN 978-85-7860-075-4

1. Medo - Aspectos religiosos - Cristianismo. 2. Confiança em Deus - Meditações. I. Título.

09-6413. CDD: 248.86
CDU: 27-183

Rua da Quitanda, 86, sala 218 – Centro – 20091-005
Rio de Janeiro – RJ – Brasil
Tel.: (21) 3175-1030
www.thomasnelson.com.br

SUMÁRIO

CORAGEM

Deus está com você

Deus está pronto para entrar em seu mundo.

O quarto do hospital? Ele vai lá.

Prazos até tarde da noite? Ele vai ficar acordado com você.

Você está vendo alguém que ama morrer aos poucos? Ele estará sentado ao seu lado em todos os momentos.

Convide-o: "Eis que estou à porta e bato. Se alguém ouvir a minha voz e abrir a porta, entrarei e cearei com ele, e ele comigo." (Apocalipse 3:20)

Quem tem sede venha

Escutem! Eu estou à porta e bato.
Se alguém ouvir a minha voz e abrir a porta,
eu entrarei na sua casa, e nós jantaremos juntos.

APOCALIPSE, 3:20 (NTLH)

Ainda que eu passe por angústias,
tu me preservas a vida da ira dos meus inimigos;
estendes a tua mão direita e me livras.

SALMO 138: 7

Aproximem-se de Deus, e ele se aproximará de vocês!

TIAGO 4:8

Depois dessas coisas o Senhor falou a Abrão numa visão:
"Não tenha medo, Abrão! Eu sou o seu escudo;
grande será a sua recompensa!"

GÊNESIS 15:1

Ele lhes disse: "Por que vocês estão perturbados e por
que se levantam dúvidas no coração de vocês?
Vejam as minhas mãos e os meus pés. Sou eu mesmo!"

LUCAS 24:38,39A

José de Arimateia, membro de destaque do Sinédrio,
que também esperava o Reino de Deus,
dirigiu-se corajosamente a Pilatos e
pediu o corpo de Jesus.

MARCOS 15:43

Quando o medo molda nossa vida, a segurança se torna o nosso deus. Quando a segurança se torna o nosso deus, idolatramos a vida livre de riscos. O amante da segurança pode fazer alguma coisa grandiosa? O avesso ao risco pode executar atos nobres? Por Deus? Pelos outros? Não.

Os temerosos não conseguem amar profundamente. O amor é arriscado.

Eles não podem dar aos pobres. A benevolência não tem garantia de retorno.

Os temerosos não podem sonhar livremente. E se seus sonhos pifarem e caírem do céu?

A adoração da segurança enfraquece a grandeza. Não é à toa que Jesus trava tremenda guerra contra o medo.

SEM MEDO DE VIVER

"Sou eu apenas um Deus de perto", pergunta o Senhor,
"e não também um Deus de longe?"

JEREMIAS 23:23

Como é feliz o povo cujo Deus é o Senhor!

SALMO 144:15

Pois Deus está sempre agindo em vocês para que obedeçam à vontade dele, tanto no pensamento como nas ações.

FILIPENSES 2:13 (NTLH)

Você não pode viver o amanhã hoje.

Você não pode gastar o dinheiro de amanhã, celebrar as conquistas de amanhã, nem resolver os problemas de amanhã. Você só tem o hoje.

Viva nele. Você tem de estar presente para ganhar. Não sobrecarregue o hoje com os arrependimentos de ontem nem o estrague com os problemas de amanhã.

Preencha seu dia com Deus. Dê uma chance ao dia.

TODO DIA É UM DIA ESPECIAL

Sejam fortes e corajosos.
Não tenham medo nem fiquem apavorados por causa delas,
pois o Senhor, o seu Deus, vai com vocês;
nunca os deixará, nunca os abandonará.

DEUTERONÔMIO 31:6

Não andem ansiosos por coisa alguma,
mas em tudo, pela oração e súplicas, e com ação de graças,
apresentem seus pedidos a Deus. E a paz de Deus,
que excede todo o entendimento,
guardará o coração e a mente de vocês em Cristo Jesus.

FILIPENSES 4:6,7

Não se preocupem com sua própria vida.

MATEUS 6:25

Jesus não condena a preocupação legítima com as responsabilidades mas a mentalidade contínua que dispensa a presença de Deus. A ansiedade destrutiva subtrai Deus do futuro, encara as incertezas sem fé, soma os desafios do dia sem incluir Deus na equação.

A preocupação é a câmara escura onde os negativos se tornam retratos.

SEM MEDO DE VIVER

Naquela noite, o Senhor lhe apareceu e disse:
"Eu sou o Deus de seu pai Abraão.
Não tema, porque estou com você."

GÊNESIS 26:24

Certa noite o Senhor falou a Paulo em visão:
"Não tenha medo, continue falando e não fique calado,
pois estou com você."

ATOS 18:9,10

Para onde poderia eu escapar do teu Espírito?
Para onde poderia fugir da tua presença? [...]
Se eu subir com as asas da alvorada e morar na
extremidade do mar, mesmo ali a tua mão
direita me guiará e me susterá.

SALMO 139:7, 8-10

"E eu estarei sempre com vocês, até o fim dos tempos."

(MATEUS 28:20)

Você nunca irá aonde Deus não está. Pode ser transferido, alistado, posto em serviço, removido ou hospitalizado, mas — grave esta verdade em seu coração — você nunca pode ir aonde Deus não está.

TODO DIA É UM DIA ESPECIAL

Ele sacia o sedento e satisfaz plenamente o faminto.

SALMO 107:9

Não fiquem assustados, nem tenham medo daquilo de que o povo tem medo. Pelo contrário, fiquem assustados por minha causa e tenham medo de mim, pois eu, o Senhor Todo-Poderoso, sou santo.

ISAÍAS 8:12,13 (NTLH)

O anjo disse às mulheres: "Não tenham medo! Sei que vocês estão procurando Jesus, que foi crucificado. Ele não está aqui; ressuscitou, como tinha dito".

MATEUS 28:5,6

Enorme e rude, o medo não está disposto a dividir o coração com a felicidade. A felicidade obedece. Você já viu os dois juntos?

Uma pessoa pode ser feliz e ter medo ao mesmo tempo?

Ter o pensamento claro e temer?

Estar confiante e amedrontado?

Ter misericórdia e medo?

Não. O medo é o grande valentão no corredor da escola: impetuoso, barulhento e improdutivo. Por todo o barulho que faz e pelo espaço que ocupa, o medo não traz muita coisa boa.

Sem medo de viver

Ele disse: "Não tenha medo, você, que é muito amado. Que a paz seja com você! Seja forte! Seja forte!"

DANIEL 10:19

Todavia, mesmo que venham a sofrer porque praticam a justiça, vocês serão felizes. "Não temam as ameaças deles, não fiquem amedrontados."

1 PEDRO 3:14

*Pois ontem à noite apareceu-me um anjo do Deus
a quem pertenço e a quem adoro, dizendo-me:
"Paulo, não tenha medo.
É preciso que você compareça perante César."*

ATOS 27:23,24

"O anjo do Senhor é sentinela ao redor daqueles que o temem, e os livra" (Salmo 34:7). Permita que a verdade diminua seu nível de ansiedade! Os mais ricos do mundo não têm a proteção que os servos de Deus lhe dão.

Deus manda suas melhores tropas para tomar conta de sua vida. Imagine o presidente colocando seu serviço secreto para proteger você, mandando seus agentes lhe protegerem no trânsito e na multidão. Como você agiria se soubesse que os melhores agentes do governo estão vigiando a porta de sua casa? Como você agiria se soubesse que os melhores agentes celestiais estão fazendo exatamente isso? Você não está sozinho. Receba a liderança de Deus em sua vida. Muitos anjos poderosos do céu estão olhando por você.

QUEM TEM SEDE VENHA

Sejam fortes e corajosos, todos vocês que esperam no Senhor!

SALMO 31:24

Não tenham medo, pequeno rebanho, pois foi do agrado do Pai dar-lhes o Reino.

LUCAS 12:32

Digam aos desanimados de coração: "Sejam fortes, não temam! Seu Deus... virá para salvá-los."

ISAÍAS 35:4

O medo nunca escreveu uma sinfonia ou um poema, negociou um tratado de paz nem curou uma doença.

O medo nunca libertou uma família da pobreza nem um país da intolerância.

O medo nunca salvou um casamento ou um negócio.

A coragem o fez. A fé o fez.

As pessoas que se recusaram a ouvir ou a se curvar ao medo o fizeram. Mas, e o medo propriamente dito, o que ele faz? O medo nos aprisiona e tranca as portas.

Não seria maravilhoso escapar?

SEM MEDO DE VIVER

Imagine se você pudesse viver sua vida sem nenhuma culpa, luxúria, vingança, insegurança ou medo. Você seria diferente?

Deus muda o homem ao mudar a mente? E como isso acontece? Conforme Deus vai mudando seus pensamentos, ele vai mudando você de um degrau de glória após outro — aguente firme — você está pronto para morar com ele.

O paraíso é a terra das mentes sem pecados. Confiança absoluta, sem medo e sem raiva. Vergonha e desconfiança são práticas de uma vida anterior. O céu será maravilhoso não por causa das ruas de ouro, mas por causa dos pensamentos puros.

Então o que você está esperando? Entregue a Deus seus melhores pensamentos e aguarde.

O Salvador mora ao lado

Pois vocês morreram, e agora a sua vida está escondida com Cristo em Deus.

COLOSSENSES 3:2

Estamos sempre muito animados, pois sabemos que, enquanto vivemos neste corpo, estamos longe do lar do Senhor. Porque vivemos pela fé e não pelo que vemos. Estamos muito animados e gostaríamos de deixar de viver neste corpo para irmos viver com o Senhor.

2 CORÍNTIOS 5:6-8 (NTLH)

Portanto, todos nós, com o rosto descoberto, refletimos a glória que vem do Senhor. Essa glória vai ficando cada vez mais brilhante e vai nos tornando cada vez mais parecidos com o Senhor, que é o Espírito.

2 CORÍNTIOS 3:18 (NTLH)

Não há outro deus como tu, ó Senhor!
Quem é santo e majestoso como tu?
Quem pode fazer os milagres e as maravilhas que fazes?

ÊXODO 11:15 (NTLH)

Ponha a sua esperança no Senhor, ó Israel,
pois no Senhor há amor leal e plena redenção.

SALMO 130:7

Quem entre vocês teme o Senhor e obedece
à palavra de seu servo? Que aquele que anda no escuro,
que não tem luz alguma, confie no nome do Senhor
e se apoie em seu Deus.

ISAÍAS 50:10

As estações da terra não nos incomodam. Mas estações pessoais inesperadas certamente incomodam. Do jeito que entramos em pânico ao avistar mudanças, parece que há bombas caindo em Iowa.

"Corram e protejam-se! A formatura está chegando!"

"A diretoria acabou de contratar um novo CEO! Protejam-se!"

"Ponham as mulheres e crianças no ônibus e corram para o norte. A loja de departamentos está falindo!"

A mudança deixa nossa vida de cabeça para baixo e, quando o faz, Deus envia alguém especial para nos estabilizar. Na noite anterior à sua morte, Jesus fez esta promessa a seus seguidores: "Mas o Conselheiro, o Espírito Santo, que o Pai enviará em meu nome, lhes ensinará todas as coisas e lhes fará lembrar tudo o que eu lhes disse. Deixo-lhes a paz; a minha paz lhes dou. Não a dou como o mundo a dá. Não se perturbe o seu coração, nem tenham medo" (João 14:26,27).

SEM MEDO DE VIVER

Quem perder a sua vida por minha causa, a encontrará.

MATEUS 16:25

Ao temer fazer a coisa errada por Deus, alguns não fazem nada por Deus.

Por medo de tomar a decisão errada pelo Reino, alguns não fazem nada pelo Reino.

Com medo de fazer besteira, alguns perderão a chance.

Mas não precisa temer. O seu Deus é um bom Deus.

Ele lhe encheu de forças nesta vida e lhe deu promessas para a próxima. Tente algo novo; ele não o deixará cair. Arrisque, ele não deixará você falhar. Ele convida você para sonhar com o dia em que você sentirá a mão dele em seu ombro e os olhos dele em seu rosto. "Parabéns", ele dirá, "servo bom e fiel".

QUEBRANDO A ROTINA

O senhor respondeu: "Muito bem, servo bom e fiel!
Você foi fiel no pouco, eu o porei sobre o muito.
Venha e participe da alegria do seu senhor!"

MATEUS 25:23

O SENHOR é bondoso e misericordioso,
não fica irado facilmente e é muito amoroso.

SALMO 103:8 (NTLH)

Como resultado, tornou-se evidente a toda a guarda do palácio e a todos os demais que estou na prisão por causa de Cristo. E os irmãos, em sua maioria, motivados no Senhor pela minha prisão, estão anunciando a palavra com maior determinação e destemor.

FILIPENSES 1:13,14

Todas as coisas são feitas de acordo com o plano e com a decisão de Deus.

EFÉSIOS 1:11 (NTLH)

O Senhor me livrará de toda obra maligna e me levará a salvo para o seu Reino celestial. A ele seja a glória para todo o sempre. Amém.

2 TIMÓTEO 4:18

O apóstolo Paulo teria aplaudido esse parágrafo. Ele escreveu suas palavras finais nas entranhas de uma prisão romana, acorrentado a um guarda — a poucos passos de seu executor. A pior das hipóteses? Não pela perspectiva de Paulo. "O Senhor me livrará de toda obra maligna e me levará a salvo para o seu Reino celestial. A ele seja a glória para todo o sempre" (2 Timóteo 4:18).

Paulo escolheu confiar em seu Pai.

Sem medo de viver

Ora, a fé é a certeza daquilo que esperamos
e a prova das coisas que não vemos.

HEBREUS 11:1

O justo [...] não temerá más notícias; seu coração
está firme, confiante no Senhor.

SALMO 112:6,7

Portanto, também nós, uma vez que estamos
rodeados por tão grande nuvem de testemunhas,
livremo-nos de tudo o que nos atrapalha e do pecado
que nos envolve, e corramos com perseverança
a corrida que nos é proposta.

HEBREUS 12:1

Biografias de discípulos corajosos começam com capítulos de terror sincero. Medo da morte. Medo do fracasso. Medo da solidão. Medo de uma vida desperdiçada. Medo de não conhecer Deus.

A fé começa quando você vê Deus na montanha e você está no vale, e sabe que é fraco demais para subir. Você vê o que precisa... vê o que tem... e o que você tem não é o bastante para conseguir nada.

Moisés tinha um mar à sua frente e um inimigo atrás. Os israelitas poderiam nadar ou lutar. Mas nenhuma das duas opções era o bastante.

A igreja de Jerusalém sabia que não tinha nenhuma esperança de tirar Pedro da prisão. Eles tinham cristãos que lutariam, mas eles eram muito poucos. Eles não precisavam de músculos. Precisavam de um milagre.

A fé que começar com o medo terminará mais próxima do Pai.

Ouvindo Deus na tormenta

Nada pode nos separar do amor de Deus: nem a morte, nem a vida; nem os anjos, nem outras autoridades ou poderes celestiais; nem o presente, nem o futuro.

ROMANOS 8:38,39 (NTLH)

Mas Jesus imediatamente lhes disse: "Coragem! Sou eu. Não tenham medo!"

MATEUS 14:27

E eu estarei sempre com vocês, até o fim dos tempos.

MATEUS 28:20

Esperamos encontrar Jesus em devocionais matinais, ceias na igreja, e em meditação. Nunca esperamos vê-lo no mercado, em uma liquidação, durante um julgamento, na execução de uma hipoteca ou em uma guerra. Nunca esperamos vê-lo em um temporal. Mas é nos temporais que ele faz seu melhor trabalho, pois é nos temporais que ele tem mais atenção de nossa parte.

Não podemos ir onde Deus não está. Olhe para trás; é Deus seguindo você. Olhe para o temporal; é Cristo vindo em sua direção.

SEM MEDO DE VIVER

No último e mais importante dia da festa,
Jesus levantou-se e disse em alta voz: "Se alguém tem sede,
venha a mim e beba. Quem crer em mim, como diz a Escritura,
do seu interior fluirão rios de água viva."

JOÃO 7:37,38

Como a corça anseia por águas correntes,
a minha alma anseia por ti, ó Deus.
A minha alma tem sede de Deus, do Deus vivo.

SALMO 42:1,2

Eu sou o Alfa e o Ômega, o Princípio e o Fim.
A quem tiver sede, darei de beber
gratuitamente da fonte da água da vida.

APOCALIPSE 21:6

Seu criador o equipou com a sede — um "indicador de fluido com nível baixo". Deixe o nível de seu fluido em um nível baixo e observe os sinais aparecerem. Boca seca. Língua grossa. Prive seu corpo de fluidos e ele dará o sinal.

Prive sua alma de água espiritual e sua alma lhe dirá. Corações desidratados mandam mensagens desesperadas. Temperamentos nervosos. Ondas de preocupação. Mastodontes uivantes de culpa e medo. Você acha que Deus quer que você viva assim? Sem esperanças, sem sono. Irritabilidade. Insegurança. Esses são sintomas de secura profunda.

Trate sua alma como você trata sua sede. Encha seu coração com um bom gole d'água.

Onde você encontra água para a alma? Jesus deu a resposta: "Se alguém tem sede, venha a mim e beba. Quem crer em mim, como diz a Escritura, do seu interior fluirão rios de água viva" (João 7:37,38).

QUEM TEM SEDE VENHA

Não tenha medo; tão somente creia...

LUCAS 8:50

Desde o poente os homens temerão o nome do Senhor,
e desde o nascente, a sua glória. Pois ele virá como
uma inundação impelida pelo sopro do Senhor.

ISAÍAS 59:19

Não tenham medo... Lembrem-se de que o Senhor é
grande e temível, e lutem por [...] seus filhos e por suas filhas,
por suas mulheres e por suas casas.

NEEMIAS 4:14

Podemos levar nossos medos em relação à paternidade a Cristo. Na verdade, se não o fizermos, passaremos nossos medos para nossos filhos. O medo transforma alguns pais em carcereiros paranoicos que monitoram a cada minuto, checam o passado de cada amigo. Eles sufocam o crescimento e comunicam desconfiança. Uma família sem espaço para respirar sufoca um filho.

Por outro lado, o medo também pode criar pais permissivos. Por medo de que seu filho vá ficar confinado demais, eles baixam todos os limites. Bons no carinho e maus na disciplina. Eles não percebem que a disciplina apropriada é uma expressão de amor. Pais permissivos. Pais paranoicos. Como podemos evitar os extremos? Nós oramos.

A oração é o prato onde os medos de pai são postos para esfriar. Jesus diz pouco sobre a paternidade; não faz nenhum comentário sobre palmadas, amamentação, rivalidade entre irmãos ou escola. E, no entanto, suas ações falam muito sobre a oração. Cada vez que um pai ora, Cristo responde. Sua maior mensagem para mães e pais? Tragam seus filhos a mim. Crie-os em uma estufa de orações.

Sem medo de viver

CORAGEM

Deus nunca é surpreendido

Todos nós não vivemos com medo do desconhecido? Todos nós não tememos o dia horrível em que a fina cortina que nos separa do mal pode ser puxada e nós podemos cair? Câncer. Assassinato. Estupro. Morte. É apavorante a ideia de saber que não estamos imunes aos perigos e acidentes da vida.

Mas Deus não é intimidado por uma palavra ruim. Ele não fica surpreso com nossa mais profunda fé e nossos mais profundos erros. Não surpreendemos Deus com nossas crueldades. Ele conhece as condições do mundo... e o ama da mesma forma. Quando encontramos um lugar onde Deus não estaria (como em uma cruz), olhamos de novo, e lá está ele, na carne.

Seu nome é Salvador

Pois Deus não é Deus de desordem, mas de paz.
Como em todas as congregações dos santos.

1 CORÍNTIOS 14:33

Nele se alegra o nosso coração, pois confiamos
no seu santo nome.

SALMO 33:21

Bendito seja o Senhor Deus, nosso Salvador,
que cada dia suporta as nossas cargas.

SALMO 68:19

Lancem sobre ele toda a sua ansiedade,
porque ele tem cuidado de vocês.

1 PEDRO 5:7

Tudo o que vocês pedirem em oração,
creiam que já o receberam, e assim lhes sucederá.

MARCOS 11:24

Se vocês permanecerem em mim, e as minhas
palavras permanecerem em vocês,
pedirão o que quiserem, e lhes será concedido.

JOÃO 15:7

Não fique andando de um lado para o outro na sala de espera; ore por uma cirurgia bem-sucedida.

Não murmure com o colapso de um investimento; peça que Deus lhe ajude.

Não se junte ao coro de colegas que reclamam do chefe; convide-os a abaixar a cabeça com você e orar por ele.

Inocule-se internamente para enfrentar seus medos externamente. “Lancem sobre ele toda a sua ansiedade [todas as suas preocupações, de uma vez por todas]...” (1 Pedro 5:7).

Sem medo de viver

Então ele colocou sua mão direita sobre mim e disse:
"Não tenha medo. Eu sou o Primeiro e o Último.
Sou Aquele que Vive. Estive morto mas agora estou
vivo para todo o sempre!

APOCALIPSE 1:17,18

Vemos, todavia, aquele que por um pouco foi
feito menor do que os anjos, Jesus, coroado de honra e
de glória por ter sofrido a morte, para que, pela graça de Deus,
em favor de todos, experimentasse a morte.

HEBREUS 2:9

Onde está, ó morte, a sua vitória?
Onde está, ó morte, o seu aguilhão?

1 CORÍNTIOS 15:55

Alguém que você ama profundamente partiu e você está sozinho. Sozinho com seus medos e sozinho com suas dúvidas.

Se Deus for Deus em algum lugar, ele tem que ser Deus na face da morte. A psicologia popular pode lidar com a depressão. Conversas inspiradoras podem lidar com o pessimismo. A prosperidade pode lidar com a fome. Mas só Deus pode lidar com nosso dilema definitivo — a morte. E só o Deus da Bíblia ousou ficar à beira do precipício e oferecer uma resposta: "Eu sou a ressurreição e a vida. Aquele que crê em mim, ainda que morra, viverá; e quem vive e crê em mim, não morrerá eternamente" (João 11:25,26).

QUANDO CRISTO VOLTAR

Mas eu, quando estiver com medo, confiarei em ti. Em Deus, cuja palavra eu louvo, em Deus eu confio, e não temerei. Que poderá fazer-me o simples mortal?

SALMO 56:3,4

O Senhor dá força ao seu povo; o Senhor dá a seu povo a bênção da paz.

SALMO 29:11

Por que vocês estão com tanto medo, homens de pequena fé?

MATEUS 8:26

Imagine sua vida inteira intocada pela angústia.

E se a fé, não o medo, fosse sua reação-padrão a ameaças? Se você pudesse pôr um ímã do medo sobre seu coração e extrair cada pedaço de medo, insegurança e dúvida que ainda restasse nele?

Imagine um dia, um dia ao menos, livre do medo do fracasso, da rejeição e da calamidade. Você consegue imaginar uma vida sem medo? Essa é a possibilidade por trás da pergunta de Jesus: "Por que vocês estão com tanto medo?"

SEM MEDO DE VIVER

Todos os seus filhos serão ensinados pelo Senhor,
e grande será a paz de suas crianças.
Em retidão você será estabelecida:
A tirania estará distante; você não terá nada a temer.

ISAÍAS 54:13,14

Derrame o seu coração como água
na presença do Senhor. Levante para ele as mãos
em favor da vida de seus filhos.

LAMENTAÇÕES 2:19

Então disse Jesus: "Deixem vir a mim as crianças
e não as impeçam; pois o Reino dos céus pertence
aos que são semelhantes a elas."

MATEUS 19:14

Nota para todos os pais em pânico: Jesus está atento às preocupações nos corações dos pais.

Afinal, nossos filhos foram primeiro filhos dele. "Os filhos são herança do Senhor, uma recompensa que ele dá" (Salmo 127:3). Antes de serem nossos, eram dele. Mesmo enquanto são nossos, ainda são dele.

Nós temos a tendência de esquecer esse fato, considerando nossos filhos como "nossos" filhos, como se tivéssemos a palavra final em sua saúde e em seu bem-estar. Não temos. Todas as pessoas são pessoas de Deus, incluindo as pessoinhas que se sentam à nossa mesa. Sábios são os pais que regularmente voltam seus filhos a Deus.

Sem medo de viver

Em seu coração o homem planeja o seu caminho,
mas o Senhor determina os seus passos.

PROVÉRBIOS 16:9

Os passos do homem são dirigidos pelo Senhor.
Como poderia alguém discernir o seu próprio caminho?

PROVÉRBIOS 20:24

O Senhor o guiará constantemente; satisfará os
seus desejos numa terra ressequida pelo sol.

ISAÍAS 58:11

"Este é o dia em que o Senhor agiu; alegremo-nos e exultemos neste dia" (Salmo 118:24).

"Este é o dia" inclui todos os dias. Dias de divórcio, dias de provas finais, dias de cirurgias, dias de pagar os impostos, dias de mandar seu filho mais velho para a universidade em outra cidade.

Deus agiu neste dia, ordenou este momento difícil, criou os detalhes deste momento de sofrimento. Ele não está de férias. Ele ainda segura a alavanca do maquinista do trem, senta na cabine do piloto e ocupa o único trono do universo. Cada dia vem do departamento de criação de Deus. Incluindo este.

TODO DIA É UM DIA ESPECIAL

Não tenham medo. Fiquem firmes e vocês verão que o Senhor vai salvá-los hoje.
ÊXODO 14:13 (NTLH)

O medo sempre vai bater em sua porta. Simplesmente não o convide para jantar — e pelo amor de Deus não lhe ofereça uma cama para passar a noite. Vamos encher nosso coração com um bom número de pronunciamentos "não tema". O medo pode preencher nosso mundo, mas não tem de preencher nosso coração. A promessa de Cristo e a alegação deste livro são simples: podemos temer menos amanhã do que tememos hoje.

SEM MEDO DE VIVER

Pois aqueles que são guiados pelo Espírito de Deus são filhos de Deus. Porque o Espírito que vocês receberam de Deus não torna vocês escravos e não faz com que tenham medo. Pelo contrário, o Espírito torna vocês filhos de Deus; e pelo poder do Espírito dizemos com fervor a Deus: "Pai, meu Pai!"

ROMANOS 8:14,15 (NTLH)

Seja forte e lutemos com bravura pelo nosso povo e pelas cidades do nosso Deus. E que o Senhor faça o que for de sua vontade.

2 SAMUEL 10:12

Pois ele e todos os seus companheiros estavam perplexos com a pesca que haviam feito, como também Tiago e João, os filhos de Zebedeu, sócios de Simão. Jesus disse a Simão: "Não tenha medo; de agora em diante você será pescador de homens."

LUCAS 5:9,10

Pois eu sou o Senhor, o seu Deus, que agito o mar para que suas ondas rujam; Senhor dos Exércitos é o meu nome [...] o cobri com a sombra da minha mão.

ISAÍAS 51:15,16

Eu formo a luz e crio as trevas, promovo a paz e causo a desgraça; eu, o Senhor, faço todas essas coisas.

ISAÍAS 45:7

O governo diz "não" para a ajuda financeira.

O médico diz: "grávida".

O chefe diz: "transferência".

A mudança sempre traz medo antes de trazer fé. Sempre achamos o pior antes de procurarmos o melhor. Deus interrompe nossa vida com algo que nunca vimos, e em vez de louvarmos, entramos em pânico! Interpretamos a presença de um problema como a ausência de Deus.

Esquecemos que ele diz: "Eu formo a luz e crio as trevas, promovo a paz e causo a desgraça; eu, o Senhor, faço todas essas coisas" (Isaías 45:7).

Quando Cristo voltar

Confie nele em todos os momentos, ó povo; derrame diante dele o coração, pois ele é o nosso refúgio.

SALMO 62:8

O Senhor é a minha rocha, a minha fortaleza e o meu libertador; o meu Deus é a minha rocha, em quem me refugio; o meu escudo e o meu poderoso salvador.

2 SAMUEL 22:2,3

E também nos alegramos nos sofrimentos, pois sabemos que os sofrimentos produzem a paciência, a paciência traz a aprovação de Deus, e essa aprovação cria a esperança. Essa esperança não nos deixa decepcionados, pois Deus derramou o seu amor no nosso coração.

ROMANOS 5:3,5 (NTLH)

Você desce degraus, se muda da sua casa, vai morar com o novo namorado, sobe os degraus do sistema. Tanta mudança. Algumas são bem-vindas, outras não. E nessas raras épocas em que você acha que o mundo se acalmou, cuidado! Um senhor de 71 anos recentemente disse a um amigo meu: "Tive uma boa vida. Estou curtindo minha vida agora, e estou otimista com o futuro." Duas semanas depois um tornado destruiu a região, levando a vida de seu filho, nora, neto e a mãe de sua nora. Simplesmente não sabemos, não é? Em nossa lista de medos, o medo do que vem por aí exige uma posição proeminente. Podemos até pedir uma vida descafeinada, mas não a recebemos. Os discípulos não a receberam.

Que pessoa passa por toda a vida sem surpresas? Se você não quer mudanças, vá a uma máquina que venda refrigerantes; só lá você não encontrará mudanças.

Sem medo de viver

Em tempos difíceis, ele me esconderá no seu abrigo.
Ele me guardará no seu Templo.

SALMO 27:5 (NTLH)

Jesus Cristo é o mesmo, ontem, hoje e para sempre.

HEBREUS 13:8

Seu divino poder nos deu tudo de que necessitamos
para a vida e para a piedade.

2 PEDRO 1:3

Deus está em todas as coisas! Mares vermelhos. Peixes grandes. Cavernas de leões e fornalhas. Negócios falidos e celas de prisão. A loucura de Judeia, casamentos, funerais e tempestades na Galileia. Observe e você encontrará o que todos, de Moisés a Marta, descobriram. Deus, no meio de nossas tempestades.

Isso inclui as suas.

O SALVADOR MORA AO LADO

Lembre a minha ordem: "Seja forte e corajoso! Não fique desanimado, nem tenha medo, porque eu, o SENHOR, seu Deus, estarei com você em qualquer lugar para onde você for!"

JOSUÉ 1:9 (NTLH)

Sonda-me, ó Deus, e conhece o meu coração;
prova-me, e conhece as minhas inquietações.
Vê se em minha conduta algo te ofende,
e dirige-me pelo caminho eterno.

SALMO 139:23,24

Peçam, e lhes será dado; busquem, e encontrarão; batam, e a porta lhes será aberta.

LUCAS 11:9

Espante as preocupações antes que elas levem o melhor de você.

Não desperdice uma hora imaginando o que sua chefe acha; pergunte a ela.

Antes de você dar o diagnóstico de câncer àquela mancha, faça um exame.

Em vez de acreditar que nunca vai sair das dívidas, consulte um especialista.

Seja gente que faz, não fique enrolando.

SEM MEDO DE VIVER

Ele fortalece o cansado e dá grande vigor ao que está sem forças. Até os jovens se cansam e ficam exaustos, e os moços tropeçam e caem; mas aqueles que esperam no Senhor renovam as suas forças. Voam alto como águias; correm e não ficam exaustos, andam e não se cansam.

ISAÍAS 40:29-31

Por essa razão era necessário que ele se tornasse semelhante a seus irmãos em todos os aspectos, para se tornar sumo sacerdote misericordioso e fiel com relação a Deus, e fazer propiciação pelos pecados do povo. Ou desviar a ira de Deus dos pecados e removê-los. Porque, tendo em vista o que ele mesmo sofreu quando tentado, ele é capaz de socorrer aqueles que também estão sendo tentados.

HEBREUS 2:17,18

Embora sendo Filho, ele aprendeu a obedecer por meio daquilo que sofreu; e, uma vez aperfeiçoado, tornou-se a fonte da salvação eterna para todos os que lhe obedecem.

HEBREUS 5:8,9

Jesus já tinha passado por isso. "Ele mesmo sofreu quando tentado" (Hebreus 2:18). Jesus foi zangado o suficiente para purificar o templo, faminto o suficiente para comer grãos crus, chateado o suficiente para chorar em público, brincalhão o suficiente para ser chamado de bêbado, alegre o suficiente para atrair crianças, cansado o suficiente para dormir em um barco balançando na chuva, pobre o suficiente para dormir e pedir uma moeda emprestada para ilustrar um sermão, radical o suficiente para ser expulso da cidade, responsável o suficiente para cuidar de sua mãe, tentado o suficiente para conhecer o cheiro de Satanás e temeroso o suficiente para suar sangue.

Mas por quê? Por que o filho mais amado dos céus aguentaria a pior dor do mundo? Para que você soubesse que "ele é capaz de socorrer aqueles que também estão sendo tentados" (Hebreus 2:18).

O que quer que você esteja enfrentando, ele sabe como você se sente.

O SALVADOR MORA AO LADO

Vocês não precisarão lutar nessa batalha. Tomem suas posições, permaneçam firmes e vejam o livramento que o Senhor lhes dará.

2 CRÔNICAS 20:17

Nossos problemas sempre foram as possibilidades dele.

O sequestro de José resultou na preservação de sua família.

A perseguição de Daniel levou a uma posição em um gabinete.

Cristo entrou no mundo por meio de uma gravidez surpresa e o redimiu com seu assassinato injusto.

Será que nós ousamos acreditar no que a Bíblia ensina? Que nenhum desastre é definitivamente fatal?

SEM MEDO DE VIVER

E ele prosseguiu: "Não tenha medo, Daniel. Desde o primeiro dia em que você decidiu buscar entendimento e humilhar-se diante do seu Deus, suas palavras foram ouvidas, e eu vim em resposta a elas.

DANIEL 10:12

O servo do homem de Deus levantou-se bem cedo pela manhã e, quando saía, viu que uma tropa com cavalos e carros de guerra havia cercado a cidade. Então ele exclamou: "Ah, meu senhor! O que faremos?" O profeta respondeu: "Não tenha medo. Aqueles que estão conosco são mais numerosos do que eles."

2 REIS 6:15,16

Esteja sobre nós a bondade do nosso Deus Soberano.
Consolida, para nós, a obra de nossas mãos;
consolida a obra de nossas mãos!

SALMO 90:17

Cantarei ao Senhor toda a minha vida;
louvarei ao meu Deus enquanto eu viver.
Seja-lhe agradável a minha meditação,
pois no Senhor tenho alegria.

SALMO 104:33,34

Como posso retribuir ao Senhor toda a sua bondade para comigo? Erguerei o cálice da salvação e invocarei o nome do Senhor.

SALMO 116:12,13

Instantes eternos. Você os teve. Todos tivemos.

Dividir um balanço na varanda em uma noite de verão com seu neto.

Abraçar seu marido enquanto vocês caminham pelas folhas douradas e respiram a brisa do outono.

Ouvir seu neto de seis anos agradecer a Deus por tudo, desde o peixinho até a avó.

Tais momentos são necessários porque eles nos lembram de que tudo está bem. O Rei ainda está no trono e a vida ainda vale a pena ser vivida. Instantes eternos nos lembram de que o amor ainda é o maior bem e que não há nada para temer no futuro.

QUANDO CRISTO VOLTAR

Sabemos que Deus age em todas as coisas para o bem daqueles que o amam, dos que foram chamados de acordo com o seu propósito.

ROMANOS 8:28

O Poderoso fez grandes coisas em meu favor; santo é o seu nome.

LUCAS 1:49

"Porque sou eu que conheço os planos que tenho para vocês", diz o Senhor, "planos de fazê-los prosperar e não de lhes causar dano, planos de dar-lhes esperança e um futuro. Então vocês clamarão a mim, virão orar a mim, e eu os ouvirei. Vocês me procurarão e me acharão quando me procurarem de todo o coração".

JEREMIAS 29:11-13

Eu tenho um amigo que estava com pavor de receber uma carta da Receita Federal. De acordo com os cálculos preliminares deles, ele lhes devia muito dinheiro, um dinheiro que ele não tinha. Disseram-lhe para esperar uma carta detalhando a quantia. Quando a carta chegou, faltou-lhe coragem. Ele não conseguia abri-la; então o envelope ficou em sua mesa por cinco dias enquanto ele se contorcia de pavor. Quanto poderia ser? Onde ele conseguiria os fundos? Por quanto tempo ele ficaria na prisão? Finalmente ele juntou coragem para abrir o envelope. E então ele encontrou não uma conta a pagar mas um cheque a ser recebido. Aconteceu que a Receita Federal é que devia dinheiro a ele! Ele tinha desperdiçado cinco dias com um medo desnecessário.

Por que imaginar o pior? Como discípulos de Deus, você e eu temos uma grande vantagem. Sabemos que tudo vai ficar bem. Cristo não se mexeu de seu trono, e Romanos 8:28 não evaporou da Bíblia.

SEM MEDO DE VIVER

Vocês ouvirão falar de guerras e rumores de guerras,
mas não tenham medo.

MATEUS 24:6

Pois Deus não nos deu espírito de covardia,
mas de poder, de amor e de equilíbrio.

2 TIMÓTEO 1:7

Quando se deitar, não terá medo, e o seu sono será tranquilo.

PROVÉRBIOS 3:24

Uma dose de medo pode impedir uma criança de atravessar uma rua movimentada ou um adulto de fumar um maço de cigarros. O medo é a reação apropriada diante de um edifício em chamas ou de um cão rosnando. O medo em si não é pecado, mas ele pode levar ao pecado.

Se medicarmos o medo com explosões de raiva, bebedeiras, ataques de rabugice, greve de fome ou controle total, excluiremos Deus da solução e exacerbaremos o problema. Agindo assim, nos sujeitaremos a uma posição de medo, deixando a ansiedade dominar e definir nossa vida. Preocupações que eliminam a alegria. Medo que deixa o dia dormente. Repetidos ataques de insegurança que nos petrificam e paralisam.

A histeria não vem de Deus.

SEM MEDO DE VIVER

CORAGEM

Deus provê e guia

E ele dá. Deus é o grande rio. O grande provedor. A fonte de toda bênção. Absolutamente generoso e completamente confiável. A mensagem ressonante e recorrente das Escrituras é clara: Deus tudo possui. Deus tudo compartilha.

Confie nele, não em coisas!

Mude do medo da escassez para o conforto da provisão. Menos acúmulos, mais divisão. "Pratiquem o bem, sejam ricos em boas obras, generosos e prontos a repartir" (1 Timóteo 6:18).

E, principalmente, substitua o medo do próximo inverno pela fé no Deus vivo.

SEM MEDO DE VIVER

Portanto, não se preocupem com o amanhã,
pois o amanhã trará as suas próprias preocupações.
Basta a cada dia o seu próprio mal.

MATEUS 6:34

Ordene aos que são ricos no presente mundo que não sejam arrogantes, nem ponham sua esperança na incerteza da riqueza, mas em Deus, que de tudo nos provê ricamente, para a nossa satisfação.

1 TIMÓTEO 6:17

Teus, ó Senhor, são a grandeza, o poder, a glória, a majestade e o esplendor, pois tudo o que há nos céus e na terra é teu.

1 CRÔNICAS 29:11

Busquei o Senhor, e ele me respondeu;
livrou-me de todos os meus temores.

SALMO 34:4

Como é feliz o homem que põe no
Senhor a sua confiança.

SALMO 40:4

Pois eu sou o Senhor, o seu Deus, que o segura pela
mão direita e lhe diz: "Não tema; eu o ajudarei."

ISAÍAS 41:13

Ele não quer seu dinheiro. Ele não quer seus diamantes. Ele não quer seu carro. Ele quer algo muito mais precioso. Ele quer sua paz de espírito — sua alegria.

O nome dele?

Medo.

A tarefa dele é pegar sua coragem e deixar você tímido e tremendo. Seu *modus operandi* é manipular você com o mistério, provocá-lo com o desconhecido. Medo da morte, medo de fracassar, medo de Deus, medo do amanhã — seu arsenal é vasto. Seu foco? Criar almas covardes, sem alegria.

APLAUSO DO CÉU

Alegrem-se os justos no Senhor e nele busquem refúgio;
congratulem-se todos os retos de coração!

SALMO 64:10

Mas bendito é o homem cuja confiança está no Senhor,
cuja confiança nele está. Ele será como uma árvore
plantada junto às águas e que estende as suas raízes
para o ribeiro. Ela não temerá quando chegar o calor,
porque as suas folhas estão sempre verdes;
não ficará ansiosa no ano da seca nem deixará de dar fruto.

JEREMIAS 17:7,8

O Senhor é a minha força e o meu escudo; nele o
meu coração confia, e dele recebo ajuda.
Meu coração exulta de alegria, e com
o meu cântico lhe darei graças.

SALMO 28:7

Existe uma corrente de medo por aí. Não sejamos aprisionados por ela. Estejamos entre aqueles que ficam calmos. Vamos reconhecer o medo, mas não nos deixemos apavorar. Vamos reconhecer as ameaças, mas recusemo-nos a ser definidos por elas. Deixe os outros respirarem o ar poluído da ansiedade, não nós. Vamos ficar entre os que ouvem uma voz diferente, a de Deus.

Chega desses gritos de desespero, berros de mau agouro. Por que prestar atenção àquele que anuncia o juízo final na Wall Street ou ao gerador de más notícias do jornal? Vamos colocar nossos ouvidos em outra direção: para cima. Vamos nos virar para nosso Criador e, ao fazê-lo, temeremos menos.

SEM MEDO DE VIVER

*O Senhor é bom para com aqueles cuja esperança
está nele, para com aqueles que o buscam;
é bom esperar tranquilo pela salvação do Senhor.*

LAMENTAÇÕES 3:25,26

*Eu o instruirei e o ensinarei no caminho que você deve
seguir; eu o aconselharei e cuidarei de você.*

SALMO 32:8

*A minha boca falará com sabedoria; a meditação do
meu coração trará entendimento.*

SALMO 49:3

"Assim, aproximemo-nos do trono da graça com toda a confiança, a fim de recebermos misericórdia e encontrarmos graça que nos ajude *no momento da necessidade*" (Hebreus 4:16, grifo do autor).

Você não sabe nada sobre os problemas de amanhã. Mas saberá amanhã.

Você não tem os recursos para as necessidades de amanhã. Mas terá amanhã.

Você não tem coragem para os desafios de amanhã. Mas terá quando o amanhã chegar.

Deus supre as necessidades diárias todos os dias e de forma miraculosa.

TODO DIA É UM DIA ESPECIAL

Não tremam, nem tenham medo. Não anunciei
isto e não o predisse muito tempo atrás?
Vocês são minhas testemunhas.
Há outro Deus além de mim? Não, não existe
nenhuma outra Rocha; não conheço nenhuma.

ISAÍAS 44:8

Vocês ouvirão falar de guerras e rumores de guerras,
mas não tenham medo. É necessário que tais
coisas aconteçam, mas ainda não é o fim.

MATEUS 24:6

O Senhor é bom, um refúgio em tempos de angústia. Ele protege os que nele confiam.

NAUM 1:7

A vida é uma empreitada perigosa. Passamos nossos dias nas sombras de realidades agourentas. O poder de aniquilar a humanidade foi, parece, colocado nas mãos de pessoas que estão felizes em fazê-lo. Se a temperatura global subir mais alguns graus... se informações secretas caírem em mãos sinistras... se a pessoa errada apertar o botão vermelho errado... e se as coisas só piorarem?

Cristo nos diz que elas vão piorar. Ele prevê resgates espirituais, inquietação ecológica e perseguição mundial. No entanto, no meio disso tudo, ele defende que a coragem ainda é uma opção.

SEM MEDO DE VIVER

Tudo o que fizerem, seja em palavra ou em ação,
façam-no em nome do Senhor Jesus,
dando por meio dele graças a Deus Pai.

COLOSSENSES 3:17

No tempo que lhe resta, não viva mais para
satisfazer os maus desejos humanos,
mas sim para fazer a vontade de Deus.

1 PEDRO 4:2

Porque para Deus somos o aroma de Cristo entre
os que estão sendo salvos e os que estão perecendo.

2 CORÍNTIOS 2:15

"E todos nós, que com a face descoberta contemplamos a glória do Senhor, segundo a sua imagem estamos sendo transformados com glória cada vez maior, a qual vem do Senhor, que é o Espírito" (2 Coríntios 3:18).

Você pode pensar em presente melhor do que ser como Jesus?

Cristo não sentiu culpa; Deus quer banir sua culpa.

Jesus não tinha maus hábitos; Deus quer tirar os seus.

Jesus não tinha medo da morte; Deus quer que você não tenha medo.

Jesus tinha bondade com os doentes, misericórdia pelos rebeldes e coragem para os desafios. Deus quer que você tenha o mesmo. Ele quer que você seja como Jesus.

SIMPLESMENTE COMO JESUS

Mas o Conselheiro, o Espírito Santo, que o Pai enviará em meu nome, lhes ensinará todas as coisas e lhes fará lembrar tudo o que eu lhes disse.

JOÃO 14:26

Não tema, pois eu o resgatei;
eu o chamei pelo nome; você é meu.

ISAÍAS 43:1

Porque todos os que são guiados pelo Espírito de Deus são filhos de Deus. Pois vocês não receberam um espírito que os escravize para novamente temerem, mas receberam o Espírito que os torna filhos por adoção, por meio do qual clamamos: "Aba, Pai."

ROMANOS 8:14,15

Você nunca enfrentará o futuro sem a ajuda dele. Você tem um companheiro de viagem.

Quando você põe sua fé em Cristo, Cristo põe seu Espírito antes de você, atrás e dentro de você. Não um espírito estranho, mas o *mesmo* Espírito: o *parakletos*. Tudo o que Jesus fez por seus seguidores, o Espírito dele faz por você. Jesus ensinava; o Espírito ensina. Jesus curava; o Espírito cura. Jesus confortava; o Espírito conforta. Enquanto Jesus lhe envia para novos tempos, envia seu conselheiro para ir com você.

Deus nunca manda você sozinho. Você está na noite anterior à mudança? Você está olhando para um novo capítulo? A folhagem de seu mundo está mostrando sinais de uma nova estação? A mensagem do céu para você é clara: mesmo quando tudo muda, a presença de Deus nunca muda. Você viaja na companhia do Espírito Santo.

SEM MEDO DE VIVER

E eu farei o que vocês pedirem em meu nome,
para que o Pai seja glorificado no Filho.

JOÃO 14:13

Se vocês tiverem fé do tamanho de um grão de
mostarda, poderão dizer a este monte:
"Vá daqui para lá", e ele irá. Nada lhes será impossível.

MATEUS 17:20

Ele levanta do pó o necessitado e ergue do lixo o pobre.

SALMO 113:7

"Se Deus é por nós, quem será contra nós?" (Romanos 8:31) A questão não é simplesmente "quem pode ficar contra nós?" Você poderia responder essa. Quem está contra você? Doença, inflação, corrupção, exaustão. As calamidades confrontam, e o medo aprisiona. Se a pergunta fosse "Quem será contra nós?", poderíamos listar nossos inimigos muito mais facilmente do que poderíamos lutar contra eles. Mas essa não é a questão. A pergunta é Se DEUS É POR NÓS, *quem será contra nós*?

Deus é por você. Seus pais podem tê-lo esquecido, seus professores podem tê-lo negligenciado, seus irmãos podem ter vergonha de você; mas bem ao alcance de suas preces está o criador dos oceanos: Deus!

NAS GARRAS DA GRAÇA

Tu te aproximaste quando a ti clamei, e disseste: "Não tenha medo."

LAMENTAÇÕES 3:57

Vigiem e orem para que não caiam em tentação. O espírito está pronto, mas a carne é fraca.

MARCOS 14:38

Venham a mim todos os que estão cansados e sobrecarregados, e eu lhes darei descanso.

MATEUS 11:28

Foi lá, entre as oliveiras, que Jesus "prostrou-se e orava para que, se possível, fosse afastada dele aquela hora. E dizia: 'Aba, Pai, tudo te é possível. Afasta de mim este cálice; contudo, não seja o que eu quero, mas sim o que tu queres'" (Marcos 14:35,36).

O cálice era a pior hipótese de Jesus: receber a ira de Deus. Ele nunca tinha sentido a fúria de Deus; não merecia. Nunca tinha experimentado o isolamento de seu Pai; os dois sempre haviam sido um. Ele não conhecia a morte física; era um ser imortal. E no entanto, dentro de algumas poucas horas, Jesus enfrentaria tudo isso. Deus liberaria sua ira que odiava o pecado no Filho coberto de pecado. E Jesus tinha medo. Muito medo. E o que ele fez com seu medo nos mostra o que fazer com o nosso.

Ele orou. Jesus enfrentou seu maior medo com preces honestas.

SEM MEDO DE VIVER

Ao cair da tarde daquele primeiro dia da semana,
estando os discípulos reunidos a portas trancadas,
por medo dos judeus, Jesus entrou, pôs-se no meio deles e disse:
"Paz seja com vocês!"

JOÃO 20:19

Depois de orarem, tremeu o lugar em que estavam reunidos;
todos ficaram cheios do Espírito Santo e anunciavam
corajosamente a palavra de Deus.

ATOS 4:31

Paulo e Barnabé passaram bastante tempo ali,
falando corajosamente do Senhor, que confirmava a
mensagem de sua graça realizando sinais
e maravilhas pelas mãos deles.

ATOS 14:3

Lembra-se do medo dos seguidores de Cristo na Crucificação? Eles correram. Como gatos cercados por cachorros.

Mas avance quarenta dias. Traidores falidos se tornaram uma força de fúria que mudou suas vidas. Pedro está pregando no mesmo lugar em que Cristo foi preso. Os seguidores de Cristo desafiam os inimigos de Cristo. Chicoteie-os e eles adorarão. Prenda-os e eles lançarão um ministério na cadeia. Tão corajosos depois da Ressurreição quanto eram covardes antes dela.

Explicação:

Ganância? Eles não ganhavam nenhum dinheiro.

Poder? Eles davam todo o crédito a Cristo.

Popularidade? A maior parte deles foi morta por suas crenças.

Só resta uma explicação — um Cristo ressuscitado e seu Espírito Santo.

O Salvador mora ao lado

Eu, eu mesmo, sou quem a consola.
Quem é você para que tema...?

ISAÍAS 51:12

O Senhor é a minha luz e a minha salvação;
de quem terei temor?
O Senhor é o meu forte refúgio; de quem terei medo?

SALMO 27:1

Observem as aves do céu: não semeiam nem
colhem nem armazenam em celeiros; contudo,
o Pai celestial as alimenta. Não têm vocês
muito mais valor do que elas? Quem de vocês,
por mais que se preocupe,
pode acrescentar uma hora que seja à sua vida?

MATEUS 6:26,27

Escassez e vazios habitam nossas trilhas. Falta de tempo, de sorte, de sabedoria, de inteligência. Tudo está acabando, parece, e assim nós nos preocupamos. Mas preocupar-se não adianta.

A aflição não vai encher a barriga de um pássaro com comida nem uma pétala de flor com cores.

Pássaros e flores parecem estar bem, e não tomam antiácidos.

E mais, você pode dedicar uma década de pensamentos ansiosos sobre a brevidade da vida e não estendê-la em um minuto sequer. A preocupação não leva a nada.

SEM MEDO DE VIVER

Eu sou o pão vivo que desceu do céu.
Se alguém comer deste pão, viverá para sempre.
Este pão é a minha carne, que eu darei pela vida do mundo.

JOÃO 6:51

Eu sou o bom pastor. O bom pastor dá a
sua vida pelas ovelhas.

JOÃO 10:11

Respondeu Jesus: "Eu sou o caminho,
a verdade e a vida. Ninguém vem ao Pai,
a não ser por mim."

JOÃO 14:6

Os discípulos estavam sozinhos na tempestade havia nove horas! Tempo suficiente para mais de um discípulo perguntar: "Onde está Jesus? Ele sabe que estamos no barco. Pelo amor de Deus, foi ideia dele. Deus está em algum lugar aqui perto?"

E do meio da tempestade vem uma voz inconfundível: "Coragem! Sou eu. Não tenham medo!" (Mateus 14:27).

Do centro da tempestade, um Jesus muito firme grita "Sou eu". Na destruição das Torres Gêmeas. Corajosamente contra as ondas galileias. UTI, campo de batalha, sala da diretoria, cela na prisão ou maternidade — seja qual for sua tempestade, "Sou eu".

Cristo caminha sobre as ondas e declara as palavras gravadas em todo coração sábio: "Coragem! Sou eu. Não tenham medo!"

O Salvador mora ao lado

Entregue suas preocupações ao Senhor, e ele o susterá.

SALMO 55:22

Eu me pergunto, quantos fardos Jesus carrega por nós sobre os quais não temos ideia? Estamos cientes de alguns. Ele carrega nosso pecado. Ele carrega nossa vergonha. Ele carrega nossa dívida eterna. Mas existem outros? Ele já tirou medos de nós antes de os sentirmos? Ele carregou nossa confusão para não termos que carregar? E aquelas horas em que nos sentimos surpresos pela sensação de paz? Será que Jesus levou nossa ansiedade para seus ombros e colocou uma alça de felicidade nos nossos?

E quantas vezes lhe agradecemos por sua bondade? Não o bastante. Mas nossa ingratidão restringe sua bondade? Não. "Porque ele é bondoso para com os ingratos e maus" (Lucas 6:35).

UM AMOR QUE VALE A PENA

Com o braço ajunta os cordeiros e os carrega no colo.

ISAÍAS 40:11

Porque os olhos do Senhor estão sobre os justos e os seus ouvidos estão atentos à sua oração.

1 PEDRO 3:12

Deus é o nosso refúgio e a nossa fortaleza,
auxílio sempre presente na adversidade.
Por isso não temeremos, ainda que a terra
trema e os montes afundem no coração do mar.

SALMO 46:1,2

Graças ao grande amor do Senhor é que não
somos consumidos, pois as suas misericórdias
são inesgotáveis. Renovam-se cada manhã;
grande é a sua fidelidade!

LAMENTAÇÕES 3:22,23

Espere no Senhor. Seja forte! Coragem!
Espere no Senhor.

SALMO 27:14

O chamado dele à coragem não é um chamado à ingenuidade ou à ignorância. Não devemos ficar alheios aos desafios arrebatadores que a vida traz. Devemos contrabalançá-los com longos olhares para as conquistas de Deus. "Por isso é preciso que prestemos maior atenção ao que temos ouvido, para que jamais nos desviemos" (Hebreus 2:1). Faça o que for necessário para manter seu foco em Jesus.

Quando uma amiga passou vários dias no hospital ao lado da cama de seu marido, ela se entregou a cânticos para manter sua atitude. De tempos em tempos ela ia ao banheiro e cantava alguns versos de "Great Is Thy Faithfulness" [Grande é a tua lealdade]. Faça o mesmo! Decore as Escrituras. Leia biografias de grandes vidas. Pondere os testemunhos de cristãos fiéis. Tome a decisão deliberada de depositar sua esperança nele. A coragem sempre é uma possibilidade.

Sem medo de viver

Tornei-me um exemplo para muitos,
porque tu és o meu refúgio seguro. Do teu louvor
transborda a minha boca, que o tempo
todo proclama o teu esplendor.

SALMO 71:7,8

Como é feliz o homem a quem disciplinas,
Senhor, aquele a quem ensinas a tua lei.

SALMO 94:12

Também Cristo sofreu no lugar de vocês,
deixando-lhes exemplo, para que sigam os
seus passos. "Ele não cometeu pecado algum,
e nenhum engano foi encontrado em sua boca."
Quando insultado, não revidava; quando sofria,
não fazia ameaças, mas entregava-se
àquele que julga com justiça.

1 PEDRO 2:21-23

Milhões que sentem calafrios por terem os bolsos vazios ou temores de uma mudança repentina se voltam para Cristo. Por quê?

Porque ele esteve lá.

Ele esteve em Nazaré, onde cumpriu prazos e pagou contas; esteve na Galileia, onde recrutou seus repórteres e separou os briguentos; esteve em Jerusalém, onde ignorou críticas e se posicionou contra os céticos.

Temos nossas Nazarés também — cobranças e datas de vencimento. Jesus não foi o último a formar uma equipe; acusadores não desapareceram com o templo de Jerusalém. Por que procurar a ajuda de Jesus em meio aos desafios que você tem? Porque ele esteve lá.

3:16

Pois dele, por ele e para ele são todas as coisas.
A ele seja a glória para sempre!

ROMANOS 11:36

Vocês possam, juntamente com todos os santos,
compreender a largura, o comprimento,
a altura e a profundidade, e conhecer o amor de
Cristo que excede todo conhecimento,
para que vocês sejam cheios de toda a plenitude de Deus.

EFÉSIOS 3:18,19

A minha boca falará sem cessar da tua justiça e
dos teus incontáveis atos de salvação.

SALMO 71:15

Jesus realizou dois milagres de multiplicação do pão: em um deles, ele alimentou cinco mil pessoas e, no outro, quatro mil pessoas. Não obstante, seus discípulos, que testemunharam os dois banquetes, se preocuparam com despensas vazias. Frustrado, Jesus os repreendeu: "Tendes ainda o vosso coração endurecido... não vos lembrais?" (Marcos 8:17,18).

Memórias curtas endurecem o coração. Anote com cuidado as bênçãos de Deus. Declare com Davi: "[Eu] te louvarei cada vez mais. A minha boca relatará as bênçãos da tua justiça e da tua salvação todo o dia, posto que não conheça o seu número" (Salmo 71:14,15).

Faça um catálogo dos atos de bondade de Deus. Medite neles. Ele tem alimentado você, tem conduzido você e ganhado sua confiança. Lembre-se do que Deus tem feito por você.

3:16

O Senhor é o meu pastor; de nada terei falta.
Em verdes pastagens me faz repousar e
me conduz a águas tranquilas.

SALMO 23:1,2

Tu, Senhor, guardarás em perfeita paz aquele
cujo propósito está firme, porque em ti confia.

ISAÍAS 26:3

Tomem sobre vocês o meu jugo e aprendam de mim,
pois sou manso e humilde de coração,
e vocês encontrarão descanso para as suas almas.

MATEUS 11:29

Para você ser saudável, deve descansar. Diminua o ritmo, e Deus o curará. Ele trará descanso à sua mente, ao seu corpo e, principalmente, para sua alma. Ele o levará por verdes pastos. "Em verdes pastagens me faz repousar" (Salmo 23:2).

Verdes pastos não eram terras naturais da Judeia. Até hoje elas são brancas e secas. Qualquer área verde na Judeia é trabalho de algum pastor. Ele limpou a terra dura e cheia de pedras. Os tocos de árvores foram retirados e os arbustos foram queimados. Irrigação. Cultivo. São trabalhos de um pastor.

Com suas próprias mãos perfuradas, Jesus criou um pasto para a alma. Cortou os arbustos espinhentos da condenação. Soltou as rochas do pecado. Em seu lugar plantou as sementes da graça e cavou lagos de misericórdia.

E nos convida a descansar lá.

Aliviando a bagagem

Não tenham medo, pequeno rebanho,
pois foi do agrado do Pai dar-lhes o Reino.

LUCAS 12:32

Assim diz o Senhor, o seu redentor, que o
formou no ventre: "Eu sou o Senhor, que fiz todas
as coisas, que sozinho estendi os céus,
que espalhei a terra por mim mesmo.

ISAÍAS 44:24

Ao Senhor, o seu Deus, pertencem os céus
e até os mais altos céus, a terra e tudo o que nela existe.

DEUTERONÔMIO 10:14

Quando hipotecas são executadas ou pensões evaporam, precisamos de um pastor. Em Cristo temos um. E "foi do agrado do Pai dar-lhes o Reino" (Lucas 12:32).

Dar caracteriza a criação de Deus. Desde a primeira página das Escrituras, ele é apresentado como um criador filantrópico. Produz em multiplicidade: estrelas, plantas, pássaros e animais. Toda bênção chega aos montes.

Tio Patinhas não criou o mundo; Deus o criou.

O Salmo 104 comemora essa criação abundante com 23 versículos de bênçãos listadas: os céus e a terra, as águas, correntes, árvores, pássaros, bodes, vinho, óleo, pão, as pessoas e os leões. Deus é a fonte de "inúmeras criaturas, seres vivos, pequenos e grandes... Todos eles dirigem seu olhar a ti, esperando que lhes dês o alimento no tempo certo" (Salmo 104:25-27).

E ele dá.

SEM MEDO DE VIVER

Tendo os olhos fitos em Jesus, autor e consumador da nossa fé. Ele, pela alegria que lhe fora proposta, suportou a cruz, desprezando a vergonha, e assentou-se à direita do trono de Deus.

HEBREUS 12:2

Assim, aproximemo-nos do trono da graça com toda a confiança, a fim de recebermos misericórdia e encontrarmos graça que nos ajude no momento da necessidade.

HEBREUS 4:16

A tua palavra é lâmpada que ilumina os meus passos e luz que clareia o meu caminho.

SALMO 119:105

Deus não vai deixar você ver o cenário distante. Então é melhor parar de procurar por ele. Ele promete uma luz em nossos pés, não uma bola de cristal que veja o futuro (Salmo 119:105). Não precisamos saber o que vai acontecer amanhã. Só precisamos saber que ele nos guia e "recebermos misericórdia e encontrarmos graça que nos ajude no momento da necessidade" (Hebreus 4:16).

Deus sacia as necessidades diárias todos os dias. Não semanalmente ou anualmente. Ele lhe dará o que precisa quando for preciso.

ALIVIANDO A BAGAGEM

CORAGEM

Deus está no comando

Nestes dias perigosos, neste mundo frágil, com colapsos financeiros nos noticiários e terroristas à solta, temos todas as razões para correr para abrigos de medo e aflição. Então, certifiquem-se de que "não tenham medo" (Mateus 24:6).

Mas Cristo nos diz: "Não tenham medo."

"Seja fiel até a morte, e eu lhe darei a coroa da vida" (Apocalipse 2:10).

Todos os acontecimentos, mesmo os mais violentos, fazem parte de um plano de Deus.

SEM MEDO DE VIVER

Não terá medo da calamidade repentina nem da ruína que atinge os ímpios, pois o Senhor será a sua segurança e o impedirá de cair em armadilha.

PROVÉRBIOS 3:25,26

Refleti nisso tudo e cheguei à conclusão de que os justos e os sábios, e aquilo que eles fazem, estão nas mãos de Deus.

ECLESIASTES 9:1

O Santo de Israel é seu Redentor; ele é chamado o Deus de toda a terra.

ISAÍAS 54:5

Estou convencido de que aquele que começou boa obra em vocês, vai completá-la até o dia de Cristo Jesus.

FILIPENSES 1:6

Reconheçam que o Senhor é o nosso Deus.
Ele nos fez e somos dele: somos o seu povo,
e rebanho do seu pastoreio.

SALMO 100:3

Ele é um escudo para quem nele se refugia.

PROVÉRBIOS 30:5

Precisamos saber que Deus ainda está no comando. Precisamos saber que ainda não terminou até ele dizer que terminou. Precisamos ouvir que os percalços e as tragédias não são motivos para descontinuar nossa vida. São apenas motivos para segurarmos firme.

Corrie ten Boom costumava dizer: "Quando o trem segue por um túnel e o mundo fica escuro, você pula? Claro que não. Você senta e segura firme e confia que o condutor vai lhe deixar seguro."

Da próxima vez que você ficar chateado, não entre em pânico. Não pule. Não desista. Seja paciente e deixe Deus lembrar você que ele ainda está no comando.

Ainda não acabou até ter terminado.

Ele ainda remove pedras

Eu lhes disse essas coisas para que em mim vocês tenham paz. Neste mundo vocês terão aflições; contudo, tenham ânimo! Eu venci o mundo.

JOÃO 16:33

Pois estou convencido de que nem morte nem vida, nem anjos nem demônios, nem o presente nem o futuro, nem quaisquer poderes, nem altura nem profundidade, nem qualquer outra coisa na criação será capaz de nos separar do amor de Deus que está em Cristo Jesus, nosso Senhor.

ROMANOS 8:38,39

Na sua aflição, clamaram ao Senhor, e ele os salvou da tribulação em que se encontravam.

SALMO 107:19

Os seguidores de Cristo não curtem um calendário cheio de cruzeiros no Caribe? Não.

Os discípulos podem esperar mares violentos e ventos bravos. "Neste mundo vocês terão [não 'podem ter' ou 'talvez tenham'] aflições" (João 16:33, colchetes meus).

Os seguidores de Cristo contraem malária, enterram crianças e lutam contra o vício e, como resultado, encontram o medo. Não é a ausência de tempestades que nos distingue e sim quem descobrimos na tempestade: um Cristo imperturbado.

Sem medo de viver

Tu és o meu alto refúgio, abrigo seguro nos tempos difíceis.

SALMO 59:16

Você está com seu último salário, com seu último restante de fé. Cada dia traz novas razões para sentir medo.

Todos têm falado sobre demissões no trabalho, redução na economia, explosões no Oriente Médio, rotatividade nas empresas, quedas no mercado imobiliário, aumento do aquecimento global, insurreições de células da al Qaeda. Algum ditador enlouquecido está colecionando ogivas nucleares como outros colecionam vinhos finos. Uma variação da gripe asiática está embarcando em voos que partem da China. A praga de nossos dias, o terrorismo, começa com a palavra terror.

Mas Jesus não quer que você viva com medo; nem você quer.

SEM MEDO DE VIVER

Ele o cobrirá com as suas penas, e sob as suas asas você encontrará refúgio; a fidelidade dele será o seu escudo protetor. Você não temerá o pavor da noite, nem a flecha que voa de dia.

SALMO 91:4,5

Na minha angústia clamei ao Senhor; e o Senhor me respondeu, dando-me ampla liberdade. O Senhor está comigo, não temerei. O que me podem fazer os homens?

SALMO 118:5,6

Dois tipos de vozes chamam sua atenção hoje. As negativas preenchem sua mente com dúvidas, amargura e medo.

As positivas fornecem esperança e força.

Quais você escolherá ouvir? Você sabe que tem escolha. "Levamos cativo todo pensamento, para torná-lo obediente a Cristo" (2 Coríntios 10:5).

TODO DIA É UM DIA ESPECIAL

Acima de tudo, guarde os seus pensamentos,
pois deles depende toda a sua vida.

PROVÉRBIOS 4:23

Finalmente, irmãos, tudo o que for verdadeiro, tudo o que for nobre, tudo o que for correto, tudo o que for puro, tudo o que for amável, tudo o que for de boa fama, se houver algo de excelente ou digno de louvor, pensem nessas coisas.

FILIPENSES 4:8

Consagre ao Senhor tudo o que você faz,
e os seus planos serão bem-sucedidos.

PROVÉRBIOS 16:3

Não tenha medo... regozije-se e alegre-se.
O Senhor tem feito coisas grandiosas!

JOEL 2:21

Quando você atravessar as águas, eu estarei com você;
quando você atravessar os rios, eles não o encobrirão.
Quando você andar através do fogo, não se queimará;
as chamas não o deixarão em brasas. Pois eu sou
o Senhor, o seu Deus, o Santo de Israel, o seu Salvador.

ISAÍAS 43:2,3

Mas o anjo lhe disse: "Não tenha medo, Zacarias;
sua oração foi ouvida. Isabel, sua mulher, lhe dará um filho,
e você lhe dará o nome de João.

LUCAS 1:13

Então fique de bem com o que quer que venha por aí.

Abrace-o. Aceite-o. Não resista.

A mudança não é só parte da vida; a mudança é uma parte necessária da estratégia de Deus. Para nos usar a fim de mudar o mundo, ele altera nossas incumbências. Gideão: de fazendeiro a general; Maria: de camponesa a mãe de Cristo; Paulo: de rabino local a evangelista mundial. Deus mudou José de irmão caçula para príncipe egípcio. Mudou Davi de pastor para rei.

SEM MEDO DE VIVER

Seja forte e corajoso! Mãos ao trabalho!
Não tenha medo nem desanime, pois Deus, o Senhor,
o meu Deus, está com você.

1 CRÔNICAS 28:20

Descanse no Senhor e aguarde por ele com paciência.

SALMO 37:7

Senhor meu Deus! Quantas maravilhas tens feito!
Não se pode relatar os planos que preparaste para nós!
Eu queria proclamá-los e anunciá-los,
mas são por demais numerosos!

SALMO 40:5

Compile uma lista de preocupações. Em um período de alguns dias registre seus pensamentos ansiosos. Mantenha uma lista de todas as coisas que o incomodam. Depois as reveja. Quantas delas se tornaram realidade?

Você se preocupou ao pensar que sua casa ia pegar fogo. Pegou? Que seu emprego seria terceirizado. Foi?

Enumeradas as categorias de preocupação, analise-as. Sua lista realçará temas de preocupação. Você detectará áreas recorrentes de preocupação que podem se tornar obsessões: o que as pessoas pensam de você; finanças; calamidades globais; sua aparência ou seu desempenho. Ore especificamente por elas.

SEM MEDO DE VIVER

Assim diz o Senhor, aquele que o fez, que o formou no ventre, e que o ajudará: "Não tenha medo."

ISAÍAS 44:2

Pois os nossos sofrimentos leves e momentâneos estão produzindo para nós uma glória eterna que pesa mais do que todos eles.

2 CORÍNTIOS 4:17

Ó profundidade da riqueza da sabedoria e do conhecimento de Deus! Quão insondáveis são os seus juízos e inescrutáveis os seus caminhos!

ROMANOS 11:33

E as mudanças trágicas que Deus permite? Algumas estações não fazem sentido. Quem pode achar um lugar no quebra-cabeças do mundo para a deformidade de uma criança ou a enormidade da devastação de um terremoto? Quando crianças são abusadas sexualmente ou quando os doentes perdem sua dignidade... esses momentos têm algum propósito? Têm se os observarmos de uma perspectiva eterna. O que não faz sentido nesta vida vai fazer todo o sentido na próxima. Eu tenho provas: você no ventre.

Algumas funções pré-natais não foram usadas antes do nascimento. Você criou um nariz, mas não respirou. Os olhos se desenvolveram, mas você podia enxergar? Língua, unhas dos pés e cabelos não tinham função nenhuma dentro da barriga da sua mãe. Mas você não está feliz de tê-los agora?

Certos capítulos nesta vida parecem ser tão desnecessários quanto a existência de narinas no feto. Sofrimento. Solidão. Doenças. Holocaustos. Martirizações. Monções. Se partirmos do princípio de que este mundo existe apenas para felicidade pré-sepultura, essas atrocidades não se qualificam como tal. Mas e se esta terra for o útero? Será que esses desafios, por mais severos que possam ser, servem para nos preparar para o mundo que virá?

Sem medo de viver

Este Deus é o nosso Deus para todo o sempre;
ele será o nosso guia até o fim.

SALMO 48:14

As tuas mãos me fizeram e me formaram; dá-me
entendimento para aprender os teus mandamentos.
Quando os que têm temor de ti me virem, se alegrarão,
pois na tua palavra coloquei a minha esperança.

SALMO 119:73,74

Deus redimirá a minha vida da sepultura e me levará para si.

SALMO 49:15

Seu medo de morrer está roubando sua alegria de viver? Jesus veio para salvar "aqueles que durante toda a vida estiveram escravizados pelo medo da morte" (Hebreus 2:15).

A morte está bem na jurisdição dele. Os agentes funerários respondem a ele. "Por esta razão Cristo morreu e voltou a viver, para ser Senhor de vivos e de mortos" (Romanos 14:9). Sua morte pode surpreender você e entristecer os outros, mas para o céu não há mortes fora de hora: "Os teus olhos viram o meu embrião; todos os dias determinados para mim foram escritos no teu livro antes de qualquer deles existir" (Salmo 139:16).

QUEM TEM SEDE VENHA

Eu sou como uma oliveira que floresce na casa de Deus; confio no amor de Deus para todo o sempre. Para sempre te louvarei pelo que fizeste; na presença dos teus fiéis proclamarei o teu nome, porque tu és bom.

SALMO 52:8,9

Jesus ofereceu orações e súplicas, em alta voz e com lágrimas, àquele que o podia salvar da morte.

HEBREUS 5:7

Esta é a confiança que temos ao nos aproximarmos de Deus: se pedirmos alguma coisa de acordo com a vontade de Deus, ele nos ouvirá. E se sabemos que ele nos ouve em tudo o que pedimos, sabemos que temos o que dele pedimos.

1 JOÃO 5:14,15

Jesus tornou seus medos públicos. Ele "ofereceu orações e súplicas, em alta voz e com lágrimas, àquele que o podia salvar da morte" (Hebreus 5:7). Ele orou alto o bastante para ser ouvido e registrado, e suplicou que sua comunidade de amigos orasse com ele.

Sua prece no jardim se torna, para os cristãos, uma imagem da igreja em ação — um lugar onde os medos podem ser verbalizados, pronunciados, despidos e denunciados; uma escapatória da "escuridão sem palavras" de medos suprimidos. Uma igreja saudável é aquela onde nossos medos vão para morrer. Nós os perfuramos com as Escrituras, salmos de celebração e lamentações. Nós os derretemos à luz do sol da confissão. Nós os extinguimos com a cachoeira da adoração, escolhendo olhar para Deus, não para nossos medos.

A grande coisa (e a boa notícia) é esta: você não precisa viver sozinho com seu medo.

Sem medo de viver

O Senhor vê os caminhos do homem e
examina todos os seus passos.

PROVÉRBIOS 5:21

Aquele que habita no abrigo do Altíssimo e descansa
à sombra do Todo-poderoso
pode dizer ao Senhor: "Tu és o meu refúgio e a
minha fortaleza, o meu Deus, em quem confio."

SALMO 91:1,2

Deus é poderoso para fazer que lhes seja acrescentada
toda a graça, para que em todas as coisas,
em todo o tempo, tendo tudo o que é necessário,
vocês transbordem em toda boa obra.

2 CORÍNTIOS 9:8

Ah, se pudéssemos encomendar a vida como encomendamos café! Você não adoraria misturar e combinar os ingredientes do seu futuro?

"Dê-me um copo duplo bem quente de aventura, sem perigos, com duas doses de boa saúde."

"Uma mistura sem cafeína de longevidade, por favor, com uma borrifada de fertilidade. Capriche na agilidade e tire a incapacidade."

"Eu vou beber um grande café com leite feliz, com uma dose de amor e borrifado com aposentadoria no Caribe."

Leve-me a *essa* cafeteria. Pena que não exista. A verdade é que a vida muitas vezes nos entrega uma mistura inteiramente diferente da que pedimos.

A vida vem cafeinada com surpresas. Mudanças. Transições. Alterações.

SEM MEDO DE VIVER

*Quando o viram andando sobre o mar,
pensaram que fosse um fantasma. Então gritaram...
Mas Jesus imediatamente lhes disse: "Coragem!
Sou eu! Não tenham medo!"*

MARCOS 6:49,50

*O braço do Senhor não está tão encolhido que não
possa salvar, e o seu ouvido tão surdo que não possa ouvir.*

ISAÍAS 59:1

Seja forte e corajoso! Não tenha medo nem se desanime!

1 CRÔNICAS 22:13

Alimente seus medos e sua fé irá passar fome. Alimente sua fé e seus medos também irão.

Jesus poderia ter acalmado sua tempestade há muito tempo. Mas não o fez. Será que ele quer lhe ensinar uma lição? Será que essa lição poderia ser algo do tipo: "Tempestades não são uma opção, mas o medo é"?

Ele registrou suas conquistas nas Escrituras. Seu currículo inclui aberturas no mar Vermelho; fechamento de bocas de leões; derrota de gigantes; levantamentos de Lázaros; paradas e caminhadas ao enfrentar tempestades.

A lição dele é clara. Ele é o comandante de toda tempestade.

SEM MEDO DE VIVER

Eu o amo... Não tenha medo, pois eu estou com você.

ISAÍAS 43:4,5

Mesmo quando eu andar por um vale de trevas e morte,
não temerei perigo algum, pois tu estás comigo;
a tua vara e o teu cajado me protegem.

SALMO 23:4

Humilhou-se a si mesmo e foi obediente
até a morte, e morte de cruz!

FILIPENSES 2:8

Os soldados romanos eram isentos da crucificação, exceto em questões de traição. Era feia e vil, desagradável e degradante. E foi a maneira como Jesus escolheu morrer. "Humilhou-se a si mesmo e foi obediente até a morte, e morte de cruz!" (Filipenses 2:8).

Uma morte mais calma teria bastado. Uma simples gota de sangue poderia ter redimido a humanidade. Derramar seu sangue, silenciar seu fôlego, parar seu pulso, mas fazer tudo isso de modo rápido. Enfiar uma espada em seu coração. Cruzar seu pescoço com uma adaga. A propiciação pelo pecado exigiu seis horas de violência?

Não, seu triunfo sobre o sadismo exigiu. Jesus mostrou de uma vez por todas sua autoridade sobre a selvageria. O mal pode ter seus momentos, mas eles serão breves. Satanás soltou seus demônios mais perversos em cima do filho de Deus. Torturou cada terminação nervosa e infligiu todo sofrimento. E no entanto o mestre da morte não conseguiu destruir o Senhor da vida. O melhor do céu pegou o pior do inferno e o transformou em esperança.

Sem medo de viver

Pois, dada a ordem, com a voz do arcanjo e o ressoar da trombeta de Deus, o próprio Senhor descerá dos céus, e os mortos em Cristo ressuscitarão primeiro.

1 TESSALONICENSES 4:16

Ele enxugará dos seus olhos toda lágrima. Não haverá mais morte, nem tristeza, nem choro, nem dor, pois a antiga ordem já passou.

APOCALIPSE 21:4

Só ele cura os de coração quebrantado e cuida das suas feridas.

SALMO 147:3

Um versículo intrigante é encontrado em 1 Tessalonicenses 4:16: "Pois, dada a ordem, com a voz do arcanjo e o ressoar da trombeta de Deus, o próprio Senhor descerá dos céus."

Você já se perguntou o que essa ordem vai ser? Será a palavra de inauguração do paraíso.

Eu posso estar muito errado, mas acho que a ordem que vai colocar um fim aos sofrimentos da terra e iniciar as alegrias do paraíso serão estas duas palavras: "Já chega."

Já chega de solidão.

Já chega de lágrimas. Já chega de medo.

Já chega de morte. Já chega de tristeza. Já chega de choro. Já chega de dor.

QUANDO OS ANJOS SILENCIARAM

Quem teme o homem cai em armadilhas,
mas quem confia no Senhor está seguro.

PROVÉRBIOS 29:25

Tu és o meu abrigo; tu me preservarás das angústias
e me cercarás de canções de livramento.

SALMO 32:7

Não tenha medo do que você está prestes a sofrer... Seja fiel até a morte, e eu lhe darei a coroa da vida.

APOCALIPSE 2:10

Contrariamente ao que esperaríamos, pessoas boas não estão livres da violência. Assassinos não dão um vale aos que são de Deus. Estupradores não examinam vítimas de acordo com currículos espirituais. Os maus e sedentos de sangue não pulam os que vão para o céu. Não somos isolados. Mas também não somos intimidados. Jesus tem uma ou duas palavras sobre este mundo brutal: "Não tenham medo dos que matam o corpo, mas não podem matar a alma" (Mateus 10:28).

Os discípulos precisavam dessa afirmação. Jesus tinha lhes dito para esperarem açoites, julgamentos, morte, ódio e perseguições (Mateus 10:17-23). Não o tipo de conversa motivacional que se tem com um time no vestiário. Para crédito deles, nenhum fugiu.

A coragem emerge, não da segurança policial aumentada, mas da maturidade espiritual intensificada.

SEM MEDO DE VIVER

CORAGEM

Deus se importa com você

O medo corrói nossa confiança na bondade de Deus. Começamos a nos perguntar se o amor habita os céus.

E ele nos transforma em maníacos controladores. "Faça alguma coisa a respeito da tempestade!", é a exigência implícita da questão. "Conserte ou... ou... ou você vai ver!" O medo, em sua essência, é uma perda nítida de controle. Quando a vida gira loucamente, agarramos um de seus componentes que podemos controlar: nossa dieta, a arrumação da casa, o descanso de braço em um avião, ou, em muitos casos, as pessoas. Quanto mais inseguros nos sentimos, mais malvados nos tornamos. Grunhimos e mostramos nossas garras. Por quê? Porque somos maus? Em parte. Mas também porque nos sentimos encurralados.

O medo cria uma forma de amnésia espiritual. Ele limpa nossa memória de milagres; nos faz esquecer o que Jesus já fez e como Deus é bom.

SEM MEDO DE VIVER

Ele se levantou, repreendeu o vento e disse ao mar:
"Aquiete-se! Acalme-se!" O vento se aquietou,
e fez-se completa bonança. Então perguntou aos seus discípulos:
"Por que vocês estão com tanto medo?
Ainda não têm fé?"

MARCOS 4:39,40

O próprio Senhor irá à sua frente e estará com você;
ele nunca o deixará, nunca o abandonará.
Não tenha medo! Não desanime!

DEUTERONÔMIO 31:8

Não se perturbe o coração de vocês. Creiam em Deus;
creiam também em mim... voltarei e os levarei para mim,
para que vocês estejam onde eu estiver.

JOÃO 14:1, 3

Alegrem-se sempre no Senhor. Novamente direi: Alegrem-se!

FILIPENSES 4:4

Jesus disse ao dirigente da sinagoga: "Não tenha medo; tão-somente creia."

MARCOS 5:36

Pela fé Moisés, recém-nascido, foi escondido durante três meses por seus pais, pois estes viram que ele não era uma criança comum, e não temeram o decreto do rei.

HEBREUS 11:23

A presença do medo não quer dizer que você não tenha fé. O medo está em todos. Até Cristo teve medo (Marcos 14:33). Mas faça de seu medo um visitante, e não um habitante. O medo já não lhe roubou muito? Sorrisos? Gargalhadas? Noites de descanso? Dias exuberantes? Confronte seus medos com fé.

Não fique com medo; acredite.

Acredite que Deus pode; acredite que ele cuida.

TODO DIA É UM DIA ESPECIAL

Pois nada é impossível para Deus.

LUCAS 1:37

Grande é o nosso Soberano e tremendo é o seu poder;
é impossível medir o seu entendimento.

SALMO 147:5

Eu amo o Senhor, porque ele me ouviu quando
lhe fiz a minha súplica. Ele inclinou os seus ouvidos
para mim; eu o invocarei toda a minha vida.

SALMO 116:1,2

E uma prece simples assim preparou Cristo a encarar seu medo mais profundo.

Faça o mesmo. Aqueles vilões feios e persistentes do coração — fale com Deus sobre eles. Seja específico. Botar as preocupações em palavras as despe. Elas parecem bobas quando nuas.

É nosso dever abrir as cortinas, expor nossos medos, cada um deles. Como vampiros, eles não suportam a luz do sol. Medos financeiros, medos de relacionamento, medos profissionais, medos de segurança — evoque-os em prece. Arraste a todos com a mão de sua mente e faça com que eles fiquem perante Deus e recebam seu justo castigo!

SEM MEDO DE VIVER

Toda boa dádiva e todo dom perfeito vêm do alto, descendo do Pai das luzes.

TIAGO 1:17

Se seu pai fosse Bill Gates e seu computador desse problema, a quem você pediria ajuda?

Se Stradivarius fosse seu pai, e uma corda de seu violino arrebentasse, a quem você pediria ajuda?

Se seu pai é Deus e você tem um problema, o que você faz?

Deus não se confunde. Ele pode fazer o que você não pode.

TODO DIA É UM DIA ESPECIAL

Àquele que é capaz de fazer
infinitamente mais do que tudo o que pedimos
ou pensamos, de acordo com o seu poder que atua
em nós, a ele seja a glória na igreja e em Cristo Jesus,
por todas as gerações, para todo o sempre! Amém!

EFÉSIOS 3:20,21

Ora, tanto o que santifica quanto os que são santificados
provêm de um só. Por isso Jesus não se envergonha
de chamá-los irmãos.

HEBREUS 2:11

Por isso não tema, pois estou com você; não tenha medo, pois sou o seu Deus. Eu o fortalecerei e o ajudarei; eu o segurarei com a minha mão direita vitoriosa.

ISAÍAS 41:10

Tu nos respondes com temíveis feitos de justiça, ó Deus, nosso Salvador.

SALMO 65:5

Clame a mim e eu responderei e lhe direi coisas grandiosas e insondáveis que você não conhece.

JEREMIAS 33:3

Qual é seu pior medo? Medo de fracasso público, desemprego ou de altura? Medo de que você nunca vai encontrar a pessoa certa ou ter saúde? Medo de ficar preso, ser abandonado ou esquecido? Esses são medos reais, nascidos em preocupações legítimas. No entanto, se deixados para lá, eles entram em metástase e se tornam obsessões.

O degrau entre a prudência e a paranoia é curto e íngreme. A prudência usa cinto de segurança. A paranoia evita carros. A prudência lava com sabão. A paranoia evita contato humano. A prudência economiza para a velhice. A paranoia junta até lixo. A prudência se prepara e planeja. A paranoia entra em pânico. A prudência calcula o risco e mergulha. A paranoia nunca entra na água.

Quantas pessoas passam a vida toda na beira da piscina? Consultando a cautela; ignorando a fé; nunca dando o mergulho... Pelo medo do pior, elas nunca aproveitam a vida ao máximo.

Sem medo de viver

Não se aborreça por causa dos maus,
nem tenha inveja dos ímpios, pois não há futuro para o mau,
e a lâmpada dos ímpios se apagará.

PROVÉRBIOS 24:19,20

O choro pode persistir uma noite,
mas de manhã irrompe a alegria.

SALMO 30:5

De todos os lados somos pressionados,
mas não desanimados; ficamos perplexos,
mas não desesperados [...] pois os nossos sofrimentos
leves e momentâneos estão produzindo para
nós uma glória eterna que pesa mais do que todos eles.
Assim, fixamos os olhos, não naquilo que se vê,
mas no que não se vê, pois o que se vê é transitório,
mas o que não se vê é eterno.

2 CORÍNTIOS 4:8-17,18

Você está todo enrolado, cheio de nós? "Lancem sobre ele toda a sua ansiedade, porque ele tem cuidado de vocês" (1 Pedro 5:7). Um verbo forte aqui. *Lançar.* Não *colocar, pôr* ou *acidentalmente oferecer.* Pedro usou o mesmo verbo que os escritores da Bíblia usavam para descrever o modo como Jesus tratava os demônios. Ele os lançava para longe. Uma mão firme na gola, outra no cinto e um "não volte mais". Façam o mesmo com suas lágrimas. Seja sério com elas. Mande-as imediatamente para Deus.

A preocupação é uma opção, não uma tarefa. Deus pode lhe encaminhar para um mundo livre de preocupações. Seja rápido ao orar. Foque menos nos problemas à frente e mais nas vitórias por trás. Faça sua parte e Deus fará a dele. Ele guardará seu coração com a paz dele... uma paz que ultrapassa o entendimento.

Quem tem sede venha

Pois os pagãos é que correm atrás dessas coisas;
mas o Pai celestial sabe que vocês precisam delas.
Busquem, pois, em primeiro lugar o Reino de Deus
e a sua justiça, e todas essas coisas lhes serão acrescentadas.

MATEUS 6:32-33

Mas regozijem-se e alegrem-se em ti todos os
que te buscam; digam sempre aqueles que amam
a tua salvação: "Grande é o Senhor!"

SALMO 40:16

Olhem para o Senhor e para a sua força; busquem sempre a sua face.
1 CRÔNICAS 16:11

Busque primeiro o reino da riqueza, e você se preocupará com cada centavo.

Busque primeiro o reino da saúde, e você se preocupará com cada mancha ou calombo em seu corpo.

Busque primeiro o reino da popularidade, e você reviverá cada conflito.

Mas busque primeiro o Reino dele, e você o encontrará. Disso podemos depender e sem que nunca nos preocupemos.

SEM MEDO DE VIVER

Alguns confiam em carros e outros em cavalos,
mas nós confiamos no nome do Senhor, o nosso Deus.

SALMO 20:7

Quando me deito lembro-me de ti; penso em ti
durante as vigílias da noite. Porque és a minha ajuda,
canto de alegria à sombra das tuas asas.

SALMO 63:6,7

Recorram ao Senhor e ao seu poder;
busquem sempre a sua presença.
Lembrem-se das maravilhas que ele fez,
dos seus prodígios e das sentenças de juízo que pronunciou.

SALMO 105:4,5

No que foi provavelmente a última carta que Paulo escreveu, ele suplicou a Timóteo para não esquecer. Você quase pode imaginar o velho guerreiro sorrindo enquanto ele escrevia as palavras. "Lembre-se de Jesus Cristo, ressuscitado dos mortos, descendente de Davi" (2 Timóteo 2:8).

Quando tudo ficar difícil, lembre-se de Jesus. Quando as pessoas não ouvirem, lembre-se de Jesus. Quando a desilusão for sua companheira de cama, lembre-se de Jesus. Quando o medo acampar em sua porta. Quando a morte assombrar, quando a ira se manifestar, quando a vergonha pesar. Lembre-se de Jesus.

Lembre-se da santidade junto com a humanidade. Lembre-se do doente que foi curado com mãos calejadas. Lembre-se do morto que foi tirado do túmulo com um sotaque da Galileia. Lembre-se dos olhos de Deus que enxugou as lágrimas humanas.

Seis horas de uma sexta-feira

*Não se vendem dois pardais por uma moedinha?
Contudo, nenhum deles cai no chão sem o consentimento
do Pai de vocês. Até os cabelos da cabeça de vocês estão
todos contados. Portanto, não tenham medo;
vocês valem mais do que muitos pardais!*

MATEUS 10:29-31

*Eu te louvo porque me fizeste de modo especial e admirável.
Tuas obras são maravilhosas! Digo isso com convicção.*

SALMO 139:14

*Porque somos criação de Deus realizada em
Cristo Jesus para fazermos boas obras, as quais Deus
preparou antes para nós as praticarmos.*

EFÉSIOS 2:10

Nós temos importância? Tememos que não. Tememos ir e voltar e ninguém perceber.

É por isso que nos incomoda quando um amigo se esquece de ligar ou quando o professor esquece nosso nome ou um colega leva o crédito por uma coisa que tenhamos feito ou quando a companhia aérea nos empurra como gado para o voo seguinte. Eles estão afirmando nossa inquietação mais profunda: ninguém se importa, porque não somos importantes o bastante para que alguém se importe.

Se você passa seus dias murmurando: "Eu nunca vou fazer diferença; eu não valho nada", adivinhe? Você estará se sentenciando a uma vida de escuridão sem liberdade condicional.

Ainda mais do que isso, você está discordando de Deus. Questionando o julgamento dele. Criticando o gosto dele. De acordo com ele você foi "formado e entretecido como nas profundezas da terra" (Salmo 139:15). Você foi feito "de modo especial e admirável" (v.14). Ele não consegue parar de pensar em você! Se você pudesse contar quantas vezes ele pensa em você, "seriam mais do que os grãos de areia" (v.18).

Sem medo de viver

Mesmo quando eu andar por um vale de trevas e morte,
não temerei perigo algum, pois tu estás comigo;
a tua vara e o teu cajado me protegem.

SALMO 23:4

Deus fez isso para que os homens o buscassem e talvez,
tateando, pudessem encontrá-lo,
embora não esteja longe de cada um de nós.
Pois nele vivemos, nos movemos e existimos.

ATOS 17:27,28

Mas tirou o seu povo como ovelhas e o conduziu
como a um rebanho pelo deserto. Ele os guiou em segurança,
e não tiveram medo;
e os seus inimigos afundaram-se no mar.

SALMO 78:52,53

"Não temerei perigo algum." Como Davi, o pastor, poderia fazer tal afirmação? Porque ele sabia para onde olhar. "Pois tu estás comigo; a tua vara e o teu cajado me protegem."

Em vez de se virar para outra ovelha, ele virou para o Pastor. Em vez de olhar para os problemas, ele olhou para a vara e o cajado. Como sabia para onde olhar, Davi podia dizer: "Não temerei perigo algum."

Não meça o tamanho da montanha; fale com aquele que pode movê-la. Em vez de carregar o mundo em seus ombros, fale com aquele que carrega o universo. Basta olhar para ter esperança.

Aliviando a bagagem

No amor não há medo;
ao contrário, o perfeito amor expulsa o medo,
porque o medo supõe castigo.
Aquele que tem medo não está aperfeiçoado no amor.

1 JOÃO 4:18

O anjo do Senhor é sentinela ao redor
daqueles que o temem, e os livra. Provem,
e vejam como o Senhor é bom.
Como é feliz o homem que nele se refugia!

SALMO 34:7,8

Quem examina cada questão com cuidado prospera, e feliz é aquele que confia no Senhor.

PROVÉRBIOS 16:20

A coragem não entra em pânico; ora.

A coragem não lamenta; acredita.

A coragem não se enfraquece; ouve.

Ouve a voz de Deus. Ouve a voz de Cristo confortando pelos corredores de hospital, cemitérios e zonas de guerra.

SEM MEDO DE VIVER

Entre vocês há alguém que está sofrendo?
Que ele ore. Há alguém que se sente feliz?
Que ele cante louvores.

TIAGO 5:13

Os leões podem passar necessidade e fome,
mas os que buscam o Senhor de nada têm falta.

SALMO 34:10

É melhor buscar refúgio no Senhor do que confiar nos homens.

SALMO 118:8

Se seu marido ou sua mulher já ligou para seu trabalho e disse: "Acabei de receber uma carta da Receita Federal. Eles vão fazer uma auditoria."

Se seu chefe já começou uma conversa com estas palavras: "Você é um bom funcionário, mas com toda essa crise, vamos ter que fazer uns cortes."

Então você sabe que a vida pode ir de tranquila a caótica em uma questão de segundos.

Acalme-se. Jesus sabe como você se sente. J.B. Phillips cita Hebreus 4:15: "Pois não temos um sumo sacerdote que não possa compadecer-se das nossas fraquezas, mas sim alguém que, como nós, passou por todo tipo de tentação, porém, sem pecado."

Jesus dividiu completamente *todas as nossas experiências.* Cada ferida. Cada dor. Todo o estresse e todo esforço. Sem exceção. Sem substituição. Por quê? Para que ele fosse solidário às nossas fraquezas.

Ouvindo Deus na tormenta

Deus [...] faz coisas grandiosas,
acima do nosso entendimento.

JÓ 37:5

Ainda que um exército se acampe contra mim,
meu coração não temerá;
ainda que se declare guerra contra mim,
mesmo assim estarei confiante.

SALMO 27:3

Que diremos, pois, diante dessas coisas?
Se Deus é por nós, quem será contra nós?

ROMANOS 8:31

A coragem de verdade abraça as realidades gêmeas da dificuldade atual e do triunfo definitivo. Sim, a vida é uma chateação. Mas não será assim para sempre. Como um dos meus amigos gosta de dizer: "Tudo vai dar certo no fim. Se ainda não deu certo, ainda não é o fim."

Não ganhamos nada encobrindo a brutalidade da existência humana. Este é um mundo tóxico. Mas também não nos juntamos ao coro da depressão e da maldição do Galinho Chicken Little. "O céu está caindo! O céu está caindo!" Em algum lugar entre Poliana e o Galinho Chicken Little, entre a negação cega e o pânico espalhafatoso, está o seguidor de Cristo equilibrado, com pensamento claro, ainda crente. De olhos bem abertos, no entanto sem medo. Não horrorizado pelo horripilante. O garoto mais calmo do pedaço, não por falta de valentões, mas por fé em seu irmão mais velho.

SEM MEDO DE VIVER

Mas o Senhor é fiel; ele os fortalecerá e os guardará do Maligno.

2 TESSALONICENSES 3:3

Ser pai ou mãe é melhor que um curso de teologia. Ser pai está me ensinando que quando eu sou criticado, ferido ou estou com medo, existe um Pai que está pronto para me reconfortar. Existe um pai que irá me segurar até que eu fique melhor, que me ajudará até que eu possa viver com a dor e que não irá dormir quando eu tiver medo de acordar e ver o escuro.

Sempre.

APLAUSO DO CÉU

Tu, Senhor, guardarás em perfeita paz aquele cujo propósito está firme, porque em ti confia.

ISAÍAS 26:3

Bendito seja o Deus e Pai de nosso Senhor Jesus Cristo!
Conforme a sua grande misericórdia,
ele nos regenerou para uma esperança viva,
por meio da ressurreição de Jesus Cristo dentre os mortos.

1 PEDRO 1:3

Dirigindo-se aos seus discípulos, Jesus acrescentou: "Portanto eu lhes digo: Não se preocupem com sua própria vida, quanto ao que comer; nem com seu próprio corpo, quanto ao que vestir. A vida é mais importante do que a comida, e o corpo, mais do que as roupas. Observem os corvos: não semeiam nem colhem, não têm armazéns nem celeiros; contudo, Deus os alimenta. E vocês têm muito mais valor do que as aves!"

LUCAS 12:22-24

Nunca vi o justo desamparado,
nem seus filhos mendigando o pão.

SALMO 37:25

Não estou dizendo isso porque esteja necessitado, pois aprendi a adaptar-me a toda e qualquer circunstância. Sei o que é passar necessidade e sei o que é ter fartura. Aprendi o segredo de viver contente em toda e qualquer situação, seja bem alimentado, seja com fome, tendo muito, ou passando necessidade. Tudo posso naquele que me fortalece.

FILIPENSES 4:11-13

O acúmulo de riqueza é uma defesa popular contra o medo. Como tememos perder nosso emprego, plano de saúde ou benefícios de aposentadoria, acumulamos posses, pensando que, quanto mais tivermos, mais seguros estaremos.

Elaboramos ações e investimentos, nos escondemos por trás de fundos. Confiamos em pensões e anuidades a ponto de extratos bancários determinarem nosso humor. Mas aí vêm recessões e quedas estilo Katrina, e a confusão começa toda de novo.

Se não houvesse Deus, guardar coisas seria a única resposta apropriada para um futuro incerto. Mas há Deus. E esse Deus não quer que seus filhos confiem no dinheiro. Ele respondeu à tolice do homem rico com uma enxurrada de apelos: "Não se preocupe." "Não se preocupem com sua própria vida... Não busquem ansiosamente o que comer ou beber; não se preocupem com isso" (Lucas 12:22,29).

Sem medo de viver

Aquele que está em vocês é maior do que aquele que está no mundo.

1 JOÃO 4:4

Faze-me ouvir do teu amor leal pela manhã, pois em ti confio.

SALMO 143:8

Na quietude e na confiança está o seu vigor.

ISAÍAS 30:15

Jairo caiu aos pés de Jesus, repetindo: "Minha filhinha está morrendo! Vem, por favor, e impõe as mãos sobre ela, para que seja curada e que viva" (Marcos 5:23).

Não existem jogos ou disputas. Sem disfarces. A situação é bem simples: Jairo não enxerga o futuro e Jesus sabe o futuro. Então Jairo pede sua ajuda.

E Jesus, que ama o puro de coração, vai lá para fazer isso... Ele vira imediatamente para Jairo e pede: "Não tenha medo; tão-somente creia" (v. 36).

Jesus força Jairo a ver o que não pode ser visto. Quando Jesus diz: "tão-somente creia", ele está implorando: "Não limite suas possibilidades ao visível. Não ouça apenas o audível. Não seja controlado pela lógica. Acredite que existe muito mais na vida do que apenas o olho nos mostra!"

"Confie em mim", Jesus implora. "Não tema; confie."

Ele ainda remove pedras

Então Jesus lhes disse: "Não tenham medo.
Vão dizer a meus irmãos que se dirijam para a Galileia;
lá eles me verão."

MATEUS 28:10

Ouvindo isso, os discípulos [...] ficaram aterrorizados.
Mas Jesus se aproximou, tocou neles e disse:
"Levantem-se! Não tenham medo!"

MATEUS 17:6,7

Mas Jesus imediatamente lhes disse: "Coragem! Sou eu. Não tenham medo!"

MATEUS 14:27

Os evangelhos listam cerca de 125 imperativos emitidos por Cristo. Destes, 21 nos dizem para "não temer" ou "não ter medo" ou "ter coragem". O segundo comando mais comum, amar a Deus e ao próximo, aparece apenas em oito ocasiões. Se a quantidade for um indicador, Jesus leva nossos medos a sério. A frase que ele disse mais do que qualquer outra foi esta: não tenha medo.

SEM MEDO DE VIVER

CORAGEM

Deus ama e perdoa

O medo, se não cuidado, leva ao pecado. Como todos nós já pecamos, todos nos escondemos, não entre as árvores, mas em semanas de oitenta horas de trabalho, acessos de ira e estando ocupados demais para a religião. Evitamos contato com Deus.

Estamos convencidos de que Deus deve odiar nossas tendências más. Chegamos a uma conclusão prática: Deus está irreparavelmente zangado conosco.

Jesus fez do perdão seu primeiro pronunciamento contra o medo. Sim, nós decepcionamos Deus. Mas não, Deus não nos abandonou.

Jesus nos ama demais para nos deixar em dúvida em relação à sua graça. Seu "perfeito amor expulsa o medo" (1 João 4:18). Se Deus amasse com um amor imperfeito, teríamos grandes motivos para nos preocupar. O amor imperfeito mantém uma lista de pecados e a consulta o tempo todo. Deus não mantém uma lista de nossos erros. Seu amor expulsa o medo porque ele expulsa nosso pecado!

SEM MEDO DE VIVER

O perfeito amor expulsa o medo.

1 JOÃO 4:18

Quem nele crê não é condenado.

JOÃO 3:18

Todo aquele que olhar para o Filho e nele crer
terá a vida eterna, e eu o ressuscitarei no último dia.

JOÃO 6:40

Eu, o Senhor, não mudo.
MALAQUIAS 3:6

Da próxima vez em que você estiver imerso em um dia ruim, faça estas três afirmações a você mesmo:

Ontem... perdoado.

Amanhã... entregue.

Hoje... clarificado.

Os planos de Jesus para um bom dia fazem muito sentido. Sua graça tira a culpa.

Sua direção acaba com a confusão.

TODO DIA É UM DIA ESPECIAL

Confie no Senhor de todo o seu coração e
não se apoie em seu próprio entendimento;
reconheça o Senhor em todos os seus caminhos,
e ele endireitará as suas veredas.

PROVÉRBIOS 3:5,6

Quando os dias forem bons, aproveite-os bem;
mas, quando forem ruins, considere:
Deus fez tanto um quanto o outro,
para evitar que o homem descubra
alguma coisa sobre o seu futuro.

ECLESIASTES 7:14

Ouçam-me, vocês que sabem o que é direito,
vocês, povo que tem a minha lei no coração:
Não temam a censura de homens
nem fiquem aterrorizados com seus insultos.

ISAÍAS 51:7

O Senhor é a minha rocha, a minha fortaleza
e o meu libertador; o meu Deus é o meu rochedo,
em quem me refugio. Ele é o meu escudo e o
poder que me salva, a minha torre alta.

SALMO 18:2

Pois ele é o Deus vivo e permanece para sempre;
o seu reino não será destruído,
o seu domínio jamais acabará.
Ele livra e salva; faz sinais e
maravilhas nos céus e na terra.

DANIEL 6:26-27

Todas as coisas, grandes ou pequenas, vêm do propósito de Deus e servem à sua boa vontade. Quando o mundo parece fora de controle, ele não está. Quando os senhores da guerra parecem estar no comando, eles não estão. Quando catástrofes ecológicas dominam o dia, não deixe que elas o dominem.

Ele diagnosticou a dor do mundo e escreveu o livro sobre seu tratamento. Podemos confiar nele.

SEM MEDO DE VIVER

*Mas, se alguém obedece à sua palavra,
nele verdadeiramente o amor de Deus
está aperfeiçoado. Desta forma sabemos
que estamos nele: aquele que afirma que
permanece nele, deve andar como ele andou.*

1 JOÃO 2:5,6

*Este é o Deus cujo caminho é perfeito; a palavra do
Senhor é comprovadamente genuína. Ele é um escudo para
todos os que nele se refugiam. Pois quem é Deus além do Senhor?
E quem é rocha senão o nosso Deus?*

SALMO 18:30,31

*Por meio de um único sacrifício, ele aperfeiçoou para sempre
os que estão sendo santificados.*

HEBREUS 10:14

Deus vê os cristãos da mesma forma como ele vê Cristo: sem pecado e perfeitos.

Não tema, ele descobrirá seu passado. Ele já descobriu.

Não tema decepcioná-lo com o futuro. Ele pode lhe mostrar o capítulo no qual você estará.

Com conhecimento perfeito do passado e uma visão perfeita do futuro, ele o ama sem restrições.

QUEM TEM SEDE VENHA

Não fiquem apavorados por causa deles,
pois o Senhor, o seu Deus, que está com vocês,
é Deus grande e temível.

DEUTERONÔMIO 7:21

Seja ele o motivo do seu louvor, pois ele é o seu Deus,
que por vocês fez aquelas grandes e temíveis maravilhas
que vocês viram com os próprios olhos.

DEUTERONÔMIO 10:21

Venham e vejam o que Deus tem feito; como são
impressionantes as suas obras em favor dos homens!

SALMO 66:5

Quando Cristo é grande, nossos medos não o são.

À medida que o medo de Jesus se expande, os medos da vida diminuem. Um Deus grandioso se traduz em grande coragem. Uma pequena visão de Deus não gera coragem. Um Jesus fraco, débil e impotente não tem poder sobre células cancerosas, corrupção, roubo de identidades, quebras na bolsa de valores ou calamidades globais. Um Jesus dobrável e portátil pode caber em uma bolsa ou prateleira, mas não faz nada por seus medos.

Nós não precisamos conhecer o Cristo transfigurado? Que ocupa o lugar mais elevado e usa a única verdadeira coroa do universo, o filho amado de Deus?

Quanto mais vivermos nele, maior ele se tornará em nós. Não é que ele mude, mas nós mudamos; o vemos mais.

SEM MEDO DE VIVER

Confiem para sempre no Senhor, pois o Senhor, somente o Senhor, é a Rocha eterna.

ISAÍAS 26:4

Mas o anjo lhe disse: "Não tenha medo, Maria; você foi agraciada por Deus! Você ficará grávida e dará à luz um filho, e lhe porá o nome de Jesus."

LUCAS 1:30-31

Deus é a minha salvação; terei confiança e não temerei. O Senhor, sim, o Senhor é a minha força e o meu cântico; ele é a minha salvação!

ISAÍAS 12:2

Aqui estão apenas alguns dos nomes de Deus que descrevem o caráter dele. Estude-os, porque em um dia qualquer, você pode precisar deles. Deixe-me lhe mostrar o que quero dizer.

Quando você estiver com dúvidas sobre seu futuro, vá ao seu *Jehovah-raah*, seu cuidadoso pastor.

Quando você estiver ansioso sobre provisão, fale com *Jehovah-jireh*, o Senhor que provê.

Seus desafios estão muito grandes? Busque a ajuda de *Jehovah-shalom*, o Senhor da paz.

Seu corpo está doente? Suas emoções estão fracas? *Jehovah-rophe*, o senhor que cura, o verá agora.

Meditar nos nomes de Deus lembra você do caráter de Deus. Pegue esses nomes e enterre-os em seu coração.

A GRANDE CASA DE DEUS

Não tema... O Senhor, o seu Deus, está em seu meio,
poderoso para salvar. Ele se regozijará em você;
com o seu amor a renovará,
ele se regozijará em você com brados de alegria.

SOFONIAS 3:16,17

Dessa forma o amor está aperfeiçoado entre nós,
para que no dia do juízo tenhamos confiança,
porque neste mundo somos como ele.
No amor não há medo; ao contrário,
o perfeito amor expulsa o medo,
porque o medo supõe castigo.
Aquele que tem medo
não está aperfeiçoado no amor.

1 JOÃO 4:17,18

O Senhor lhe apareceu no passado, dizendo: "Eu a amei com amor eterno; com amor leal a atraí."

JEREMIAS 31:3

Temos medo de rejeição, então seguimos a multidão. Temos medo de não sermos adequados, então tomamos drogas. Pelo medo de aparecer, vestimos o que todos vestem. Pelo medo de nos misturar, vestimos o que os outros não vestem. Por medo de dormirmos sozinhos, dormimos com todo mundo. Por medo de não sermos amados, buscamos amor em lugares errados.

Mas Deus manda esses medos para longe. Aqueles com o amor de Deus não se vendem para ganhar o amor do outro. Eles não vendem para ganhar o amor de Deus.

Todos precisamos melhorar, mas não precisamos atrair o amor de Deus. Nós mudamos porque já temos o amor de Deus. O amor perfeito de Deus.

QUEM TEM SEDE VENHA

Se confessarmos os nossos pecados,
ele é fiel e justo para perdoar os nossos pecados
e nos purificar de toda injustiça.

1 JOÃO 1:9

Não tenham medo. De fato, vocês fizeram
todo esse mal. Contudo, não deixem de seguir
o Senhor, mas sirvam o Senhor de todo o coração.

1 SAMUEL 12:20

Pois vocês são salvos pela graça, por meio da fé,
e isto não vem de vocês, é dom de Deus.

EFÉSIOS 2:8

Nada fomenta a coragem como um entendimento claro da graça. E nada fomenta o medo como uma ignorância da misericórdia. Posso falar abertamente? Se você não aceitou o perdão de Deus, você está condenado ao medo. Nada pode salvá-lo da percepção atormentadora de que você desconsiderou seu criador e desobedeceu à sua instrução. Nenhum remédio, conversa motivadora, psiquiatra ou bem material pode acalmar o coração do pecador. Você pode amansar o medo, mas não pode removê-lo. Só a graça de Deus pode.

Você já aceitou o perdão de Cristo? Se não tiver, faça-o. "Se confessarmos os nossos pecados, ele é fiel e justo para perdoar os nossos pecados e nos purificar de toda injustiça" (1 João 1:9). Sua prece pode ser simples assim: *Amado Pai, eu preciso de perdão. Eu admito que me afastei de vós. Por favor, perdoai-me. Coloco minha alma nas vossas mãos e minha confiança na vossa graça. Por intermédio de Jesus eu oro, amém.*

Tendo recebido o perdão de Deus, viva perdoado! Jesus curou suas pernas, então ande. Jesus abriu a jaula do canil, então saia. Quando Jesus o liberta, você está realmente livre.

SEM MEDO DE VIVER

Pois vocês não receberam um espírito que os escravize para novamente temerem, mas receberam o Espírito que os torna filhos por adoção, por meio do qual clamamos: "Aba, Pai."

ROMANOS 8:15

Tal é a confiança que temos diante de Deus, por meio de Cristo. Não que possamos reivindicar qualquer coisa com base em nossos próprios méritos, mas a nossa capacidade vem de Deus.

2 CORÍNTIOS 3:4,5

O Senhor me livrará de toda obra maligna e me levará a salvo para o seu Reino celestial. A ele seja a glória para todo o sempre. Amém.

2 TIMÓTEO 4:18

Seu Pai celestial não tem nenhuma intenção de deixá-los cair. Vocês são "protegidos pelo poder de Deus" (1 Pedro 1:5). Ele "é poderoso para impedi-los de cair e para apresentá-los diante da sua glória sem mácula e com grande alegria" (Judas 1:24).

Beba profundamente dessa verdade. Deus pode impedi-los de cair! Ele quer que vocês vivam com medo? Não! Justamente o contrário. "Pois vocês não receberam um espírito que os escravize para novamente temerem, mas receberam o Espírito que os torna filhos por adoção, por meio do qual clamamos: "'Aba, Pai.' O próprio Espírito testemunha ao nosso espírito que somos filhos de Deus" (Romanos 8:15,16).

Lá em seu íntimo, o Espírito de Deus confirma com seu espírito que você pertence a ele. Por baixo das entranhas de seu coração, o Espírito de Deus sussurra: "Você é meu. Eu o comprei e lacrei, ninguém pode pegá-lo."

QUEM TEM SEDE VENHA

E não nos cansemos de fazer o bem, pois no tempo próprio colheremos, se não desanimarmos.

GÁLATAS 6:9

Meus irmãos, considerem motivo de grande alegria o fato de passarem por diversas provações, pois vocês sabem que a prova da sua fé produz perseverança.

TIAGO 1:2,3

Aquele que perseverar até o fim será salvo.

MATEUS 10:22

Se você vive em um mundo nas sombras pelo pecado dele, você pode ser sua vítima.

Jesus é honesto sobre a vida que somos chamados a viver. Não existe garantia que apenas por pertencermos a ele sairemos sem nos machucar. Nenhuma promessa está nas Escrituras dizendo que quando você seguir o rei, estará isento da batalha. Não, geralmente o contrário é o mais comum.

Como sobrevivemos à batalha? Como suportamos o sofrimento?

Jesus diz: "Aquele que perseverar até o fim será salvo" (Mateus 24:13).

Ele não diz que se você vencer, você será salvo. Ou se você chegar ao topo, será salvo. Ele diz se você perseverar.

Quando os anjos silenciaram

Aqueles que esperam no Senhor renovam as suas forças.
Voam alto como águias; correm e não ficam exaustos,
andam e não se cansam.

ISAÍAS 40:31

Mas, em todas estas coisas somos mais que vencedores,
por meio daquele que nos amou.

ROMANOS 8:37

Pelo cumprimento dessa vontade fomos santificados, por meio do sacrifício do corpo de Jesus Cristo, oferecido uma vez por todas.

HEBREUS 10:10

Deus quer que você voe.

Ele quer que você voe livre da culpa de ontem.

Ele quer que você voe livre das lágrimas de hoje.

Ele quer que você voe livre da sepultura de amanhã.

Pecado, medo e morte. Essas são as montanhas que ele moveu. É isto que ele espera fazer: ele espera libertar você para que voe.

QUANDO OS ANJOS SILENCIARAM

Pois como os céus se elevam acima da terra, assim é grande o seu amor para com os que o temem; e como o Oriente está longe do Ocidente, assim ele afasta para longe de nós as nossas transgressões.

SALMO 103:11,12

Porque a graça de Deus se manifestou salvadora a todos os homens... É isso que você deve ensinar.

TITO 2:11,15

Tranquilizaremos o nosso coração diante dele quando o nosso coração nos condenar. Porque Deus é maior do que o nosso coração e sabe todas as coisas.

1 JOÃO 3:19,20

Amarre seu coração a essa promessa e aperte o nó. Lembre-se das palavras da epístola de João: "Pois se o nosso coração nos condenar, Deus é maior do que o nosso coração e sabe todas as coisas" (1 João 3:20). Quando você se sentir sem perdão, deixe os sentimentos de lado. As emoções não votam. Volte para as Escrituras. A palavra de Deus tem preferência sobre a autocrítica e a autodúvida.

Como Paulo disse a Tito: "Porque a graça de Deus se manifestou salvadora a todos os homens. [...] É isso que você deve ensinar, exortando-os e repreendendo-os com toda a autoridade. Ninguém o despreze" (Tito 2:11,15). Você conhece a graça de Deus? Então você pode amar com coragem, viver robustamente. Você pode pular de trapézio em trapézio; a rede de segurança dele vai amparar sua queda.

SEM MEDO DE VIVER

Disse-lhe Jesus: "Eu sou a ressurreição e a vida.
Aquele que crê em mim, ainda que morra,
viverá; e quem vive e crê em mim,
não morrerá eternamente."

JOÃO 11:25,26

Bendito seja o Deus e Pai de nosso Senhor Jesus Cristo!
Conforme a sua grande misericórdia, ele nos regenerou
para uma esperança viva, por meio da ressurreição
de Jesus Cristo dentre os mortos.

1 PEDRO 1:3

Sabemos que, se for destruída a temporária habitação
terrena em que vivemos, temos da parte de Deus um edifício,
uma casa eterna nos céus,
não construída por mãos humanas.

2 CORÍNTIOS 5:1

Morte. O calo no sapato da vida. Ela pega você na curva. Ela provoca você na hora do lazer. Ela atormenta no caminho de casa: "Você, também, irá morrer algum dia."

Ele fará seu estômago revirar. Ele o deixará de olhos arregalados e imóvel. Ele o assombrará de medo. Ele roubará a alegria de sua juventude e a paz do fim de sua vida. E se ele conseguir o que tenta fazer, ele o deixará com tanto medo de morrer que você nunca aprenderá a viver.

Mas o cristão pode enfrentar a ameaça cara a cara e pedir a promessa que ecoou no túmulo (vazio) de Cristo: "Minha morte não é o meu fim."

Seis horas de uma sexta-feira

E clame a mim no dia da angústia; eu o livrarei, e você me honrará.

SALMO 50:15

Você pode estar enfrentando a morte, mas não está enfrentando a morte sozinho; o Senhor está com você.

Você pode estar enfrentando o desemprego, mas não está enfrentando o desemprego sozinho; o Senhor está com você.

Você pode estar enfrentando problemas no casamento, mas não os está enfrentando sozinho; o Senhor está com você.

Você pode estar enfrentando dívidas, mas não está enfrentando as dívidas sozinho; o Senhor está com você.

ALIVIANDO A BAGAGEM

*Portanto, visto que os filhos são
pessoas de carne e sangue, ele também participou
dessa condição humana, para que, por sua morte,
derrotasse aquele que tem o poder da morte, isto é,
o Diabo, e libertasse aqueles que durante toda a
vida estiveram escravizados pelo medo da morte.*

HEBREUS 2:14,15

*Deus mesmo disse: "Nunca o deixarei, nunca
o abandonarei." Podemos, pois, dizer com confiança:
"O Senhor é o meu ajudador, não temerei.
O que me podem fazer os homens?"*

HEBREUS 13:5,6

Estou convencido de que aquele que começou boa obra em vocês, vai completá-la até o dia de Cristo Jesus.

FILIPENSES 1:6

O Deus da paz [...] os aperfeiçoe em todo o bem para fazerem a vontade dele.

HEBREUS 13:20,21

Quem ouve a minha palavra e crê naquele que me enviou, tem a vida eterna.

JOÃO 5:24

Seguir as regras religiosas pode roubar sua força. Sempre existe outra aula para assistir, o domingo para obedecer, Ramadã para jejuar. Nenhuma prisão é tão infinita como a prisão da imperfeição. Seus companheiros sempre acham trabalho, mas nunca acham paz. Como eles podem? Eles nunca sabem quando terminaram.

Cristo, porém, lhe presenteia com um trabalho sem fim. Ele supre a lei por você. Dê adeus ao fardo da religião. O medo de que não se fez tudo se foi. Você sobe as escadas, não pela sua força, mas pela dele. Deus promete ajudar aqueles que pararem de tentar se ajudar.

O Salvador mora ao lado

Eu vim para que tenham vida, e a tenham plenamente.

JOÃO 10:10

O Senhor está perto de todos os que o invocam.

SALMO 145:18

Quem me segue, nunca andará em trevas,
mas terá a luz da vida.

JOÃO 8:12

Eu gostaria que nós levássemos mais as palavras de Jesus ao pé da letra. Eu gostaria muito que nós aprendêssemos que quando ele diz algo, acontece.

Quando ele disser que estamos perdoados, vamos descarregar a culpa.

Quando ele disser que temos valor, vamos acreditar nele.

Quando ele disser que somos eternos, vamos enterrar nosso medo.

Quando ele disser que proverá por nós, vamos parar de nos preocupar.

Ele ainda remove pedras

Ele fez tudo apropriado ao seu tempo. Também pôs no coração do homem o anseio pela eternidade; mesmo assim ele não consegue compreender inteiramente o que Deus fez.

ECLESIASTES 3:11

Escrevi-lhes estas coisas, a vocês que creem no nome do Filho de Deus, para que vocês saibam que têm a vida eterna.

1 JOÃO 5:13

Mantenham-se no amor de Deus, enquanto esperam que a misericórdia de nosso Senhor Jesus Cristo os leve para a vida eterna.

JUDAS 21

Os percalços da vida são um modo de nos lembrar que não estamos em casa aqui. Esta não é nossa terra. Não somos fluentes na língua da doença e da morte. A cultura confunde o coração, o barulho perturba nosso sono e nos sentimos longe de casa.

Mas sabe de uma coisa? Tudo bem.

Você tem um endereço eterno fixo em sua mente. Deus "pôs no coração do homem o anseio pela eternidade" (Eclesiastes 3:11). Lá no fundo você sabe que ainda não está em casa.

ALIVIANDO A BAGAGEM

NOTAS

Deus sacia as necessidades diárias todos os dias.
Não semanalmente ou anualmente.
Ele lhe dará o que precisa, quando for preciso.

Aliviando a bagagem

Assim, aproximemo-nos do trono da graça com toda a confiança, a fim de recebermos misericórdia e encontrarmos graça que nos ajude no momento da necessidade.

HEBREUS 4:16

NOTAS

Este livro foi composto em Warnock Pro Light 11/15 e impresso pela umlivro sobre pólen natural 80g/m² em 2023.